essentials

Essentials liefern aktuelles Wissen in konzentrierter Form. Die Essenz dessen, worauf es als „State-of-the-Art" in der gegenwärtigen Fachdiskussion oder in der Praxis ankommt. *Essentials* informieren schnell, unkompliziert und verständlich

- als Einführung in ein aktuelles Thema aus Ihrem Fachgebiet
- als Einstieg in ein für Sie noch unbekanntes Themenfeld
- als Einblick, um zum Thema mitreden zu können

Die Bücher in elektronischer und gedruckter Form bringen das Fachwissen von Springerautor*innen kompakt zur Darstellung. Sie sind besonders für die Nutzung als eBook auf Tablet-PCs, eBook-Readern und Smartphones geeignet. *Essentials* sind Wissensbausteine aus den Wirtschafts-, Sozial- und Geisteswissenschaften, aus Technik und Naturwissenschaften sowie aus Medizin, Psychologie und Gesundheitsberufen. Von renommierten Autor*innen aller Springer-Verlagsmarken.

Christine Freye • Sanji Akseki

Spiel als Methode

Eine praktische Einführung

Christine Freye
August Storck KG
Halle (Westf.), Deutschland

Sanji Akseki
FOM Incomings
FOM Hochschulzentrum Essen
Essen, Deutschland

ISSN 2197-6708 ISSN 2197-6716 (electronic)
essentials
ISBN 978-3-658-51609-3 ISBN 978-3-658-51610-9 (eBook)
https://doi.org/10.1007/978-3-658-51610-9

Die Deutsche Nationalbibliothek verzeichnet diese Publikation in der Deutschen Nationalbibliografie; detaillierte bibliografische Daten sind im Internet über https://portal.dnb.de abrufbar.

Springer Gabler ist ein Imprint der eingetragenen Gesellschaft Springer Fachmedien Wiesbaden GmbH und ist ein Teil von Springer Nature.
Die Anschrift der Gesellschaft ist: Abraham-Lincoln-Str. 46, 65189 Wiesbaden, Germany

Vorwort

Das Spiel begleitet uns meist seit der Kindheit, wobei es später im Erwachsenenleben oft als etwas Nebensächliches betrachtet wird, als ein Zeitvertreib im hektischen Alltag. Dieses essential ist aus der Überzeugung entstanden, dass Spiel mehr sein kann. Es geht nicht um „Spielerei" oder „Spielchen", sondern um die Frage, welches Potenzial im Spiel für Lernen, Erkenntnis und Entwicklung steckt. Gerade in der heutigen Zeit, die von Unsicherheit und Mehrdeutigkeit geprägt ist, stoßen lineare Steuerungslogiken schnell an ihre Grenzen. Daher suchen Organisationen und Hochschulen nach Formen, die Experimentieren ermöglichen, ohne Beliebigkeit zu fördern. Das Spiel kann hier einen Beitrag leisten, indem es Erfahrungsräume öffnet, in denen Entscheidungen ausprobiert, Konsequenzen sichtbar gemacht und Perspektiven überprüft werden können. Damit schafft das Spiel einen Rahmen, dass Struktur und Offenheit miteinander verbindet.

Dieses essential verbindet konzeptionelle und praktische Impulse miteinander, um eine praxistaugliche und erste Orientierung im Spiel zu schaffen. Es richtet sich an Forschende, die das Spiel initial einordnen möchten, an Studierende, die neue Zugänge zu Lernen und Erkenntnis suchen, sowie an Entscheidende in der Praxis, die das Spiel wirksam einsetzen wollen. Daher ist unser Anliegen, das Spiel nicht nur konzeptionell darzulegen, sondern es in der methodischen Struktur verständlich zu machen und eine reflektierte, verantwortungsvolle Anwendung in Wissenschaft und Praxis zu ermöglichen.

Ein besonderer Dank gilt unserer Lektorin, Carina Zimmermann, für ihre Impulse und ihr Vertrauen. Ebenso danken wir der FOM Hochschule für Oekonomie & Management, insbesondere dem Team „International/ Incomings" für die offenen Diskussionen und die wertvollen Impulse aus der praktischen Arbeit mit den Studierenden. Außerdem gilt unser Dank der August Storck KG, insbesondere

Benjamin Wirth, Bernd Schnittker und Arne Russ, für den Dialog, die praxisnahen Perspektiven und die konstruktiven Rückmeldungen, die unsere Argumentation maßgeblich bereichert haben. Ein besonderer Dank richtet sich an Prof. Dr. Mahmut Arica Prof. Dr. Christian Kammann, deren Ermutigung und Zuspruch uns darin bestärkt haben, unsere Gedanken weiterzuentwickeln und zu veröffentlichen.

Halle (Westf.) und Essen, Deutschland Christine Freye
Essen, Deutschland Sanji Akseki
im Frühjahr 2026

Was Sie in diesem *essential* finden können

- Entwicklung eines initialen Verständnisses von Spiel als Methode zur Gestaltung von Lern- und Erkenntnisprozessen.
- Darstellung des Spiels als Erfahrungsraum mit strukturiertem Spielzyklus mit zentralen Eigenschaften, Potenzialen, Limitationen und ethischen Aspekten.
- Bereitstellung einer praxisnahen Orientierung mit Entscheidungskriterien, Hinweisen und Vorlagen sowie konkrete Anwendungsbeispiele.

Zusammenfassung

Dieses essential entwickelt ein originelles Verständnis des Spiels als Methode zur Gestaltung von Lern- und Erkenntnisprozessen. Es zeigt, dass Spiel weder motivierendes Mittel noch unverbindliche Spielerei ist, sondern eine strukturierte Praxis, die Offenheit mit Zielorientierung systematisch verbindet. Im Mittelpunkt steht die Verbindung konzeptioneller Präzisierung mit praktischer Anwendungsorientierung. Auf dieser Grundlage wird mit der „Play-It-Spiel-Canva" (PISC) eine Orientierungshilfe geschaffen, die zentrale Entscheidungs- und Gestaltungsfragen bündelt und den methodischen Einsatz des Spiels nachvollziehbar vorbereitet. Ergänzend werden praxisnahe Beispiele mit konkreten Anwendungshinweisen sowie ethischen Überlegungen aufgegeben.

Inhaltsverzeichnis

1 Annäherung an das „Spiel“ als eine Methode 1
1.1 Ambiguität des Spiels 2
1.2 Ambivalenz des Spiels 3
1.3 Anwendungsbereiche des Spiels 4

2 Spiel zwischen Methode und Mittel 7
2.1 Konzepte des Spiels im methodischen Kontext 9
2.2 Einordnung der Konzepte des Spiels im methodischen Kontext 11

3 Spiel als Lern- und Erkenntnisprozess 13
3.1 Spiel als Erfahrungsraum des Lernens 14
3.2 Spielzyklus zur Erkenntnisgenerierung 15
3.3 Eigenschaften im Spiel 17
3.4 Potenziale und Limitationen im Spiel 19

4 Anwendung des Spiels in der Praxis 21
4.1 Entscheidungsempfehlung für den Einsatz des Spiels 22
4.2 Canva zur Strukturierung des Spiels in der Praxis 23
4.3 Beispiel zur Anwendung des Spiels in der Praxis 28
4.4 Hinweise zur praktischen Anwendung des Spiels 31

5 Ethik im Spiel 33

Was Sie aus diesem *essential* mitnehmen können 35

Literatur 37

Über die Autorin

Christine Freye (DBA) ist als Senior Consultant Research & Analysis im Einkauf der August Storck KG tätig. Parallel hierzu forscht und lehrt sie am Institut für IT-Management & Digitalisierung (ifid) der FOM Hochschule für Ökonomie & Management. Zusätzlich berät sie Unternehmen am Institut für Produktion & Logistik (LOGIS.NET) an der Hochschule Osnabrück. Aktuell promoviert sie berufsbegleitend im zweiten Doktorat im Bereich der Organisationspsychologie an der Privatuniversität Schloss Seeburg.

Sanji Akseki ist Mitarbeiterin an der FOM Hochschule für Ökonomie & Management im Bereich „Incomings" und berät internationale Studierende in akademischen und organisatorischen Angelegenheiten. Nach ihrem berufsbegleiteten Studium im Bereich Management & Digitalisierung (B.A.) absolviert sie derzeit berufsbegleitend den Studiengang Business Consulting & Digital Management (M.Sc.). Sie steht im kontinuierlichen Austausch mit Unternehmen und verbindet wissenschaftliche Expertise mit praxisorientierter Projektarbeit.

1 Annäherung an das „Spiel" als eine Methode

Das „Spiel" oder das „Spielen" wird im Alltag überwiegend mit eindeutigen Spielsituationen verbunden. … oder an was haben Sie als erstes gedacht? … vielleicht an das vergangene Fußballspiel Ihres Lieblingsvereins oder doch an das Gesellschaftsspiel, dass Sie erst kürzlich gespielt haben? Auch wenn das wohl einer der naheliegendsten Spontanassoziation sein mag, stellt es eine zu einseitige, zu unvollständige und zu restriktive Vorstellung von Spiel dar. So ist ein Spiel nicht ausschließlich auf eindeutige und explizite Spielsituationen beschränkt, sondern kann als eine grundlegende Form menschlichen Handelns angesehen werden (Caillois 1961).

Als eine Handlungsform eröffnet das Spiel einen Raum, indem Fähigkeiten entwickelt, soziale Regeln erprobt und Bedeutungen ausgehandelt werden können. Innerhalb dieses Raums wird ein Übergang von Realität zu Fantasie ermöglicht, ohne das eigentliche Handeln durch gesellschaftliche Erwartungen oder Normen zu begrenzen. Dieser so geschaffene „Übergangsraum" erlaubt ein freies Ausprobieren, Experimentieren und Lernen, außerhalb der alltäglichen Handlungslogiken, -prinzipien und -routinen. Damit unterstützt das Spielen kognitive, soziale und emotionale Entwicklungsprozesse (Winnicott und Rodman 2010).

Auch wissenschaftliche Untersuchungen bestätigen, dass Spielen sich positiv auf die Leistungs- und Lernbereitschaft im Sinne des Engagements, der Motivation, der Kooperation oder der Erfahrungsbildung auswirken kann (z. B. Al-Rayes et al. 2022; Huotari und Hamari 2017).Vor diesem Hintergrund ist es naheliegend, dass Spielen zunehmend auch im beruflichen Kontext thematisiert wird (Sharma et al. 2024).

Dabei fokussiert sich die spielerische Gestaltung auf die Nutzbarmachung der positiven Wirkungen des Spielens auf nicht spielerische Kontexte. So werden

C. Freye, S. Akseki, *Spiel als Methode*, essentials,
https://doi.org/10.1007/978-3-658-51610-9_1

spielerische Ansätze bspw. in der Ausbildung von Einsatzkräften anhand des „FwESI Einsatztaktik für Gruppenführer“ oder zur Stärkung der Nachhaltigkeitskompetenz von Führungskräften anhand des digitalen Strategiespiels „CEO2“ genutzt (z. B. SG-IC 2026a, b).

1.1 Ambiguität des Spiels

In der Diskussion um das *Spiel* zeigt sich eine begriffliche Ambiguität, die einerseits sprachlicher und andererseits konzeptioneller Natur ist. Diese Mehrdeutigkeit verweist zugleich auf eine grundlegende Schwierigkeit im Spiel: Das Spiel selbst lässt sich nicht durch einzelne Merkmale bestimmen, sondern erst durch das Zusammenspiel verschiedener Eigenschaften, wie z. B. Offenheit oder soziale Interaktion. Da diese Eigenschaften jedoch weder notwendige noch hinreichende Bedingungen darstellen, bleibt die begriffliche Bestimmung grundsätzlich offen. Daher kann das Spiel eher als ein breiter, offener bis ambiguer Bedeutungsbegriff statt ein konkret bis definierbarer Terminus verstanden werden.

Der eher offene Bedeutungsbegriff spiegelt sich auch in den Termini wider, die zur Beschreibung des Spiels genutzt werden. So wird bspw. in der englischsprachigen Literatur bewusst zwischen *play* und *game* unterschieden, wobei das *play* offene, spontane und eher zweckfreie Spielhandlungen adressiert und *game* sich auf regelgebundene, strukturierte und zielorientierte Spielformen fokussiert. Im Deutschen können beide Begriffe, sowohl *play* als auch *game* mit *spielen* (Verb) oder *Spielen* (substantiviertes Verb) übersetzt werden. Damit wird nicht zwischen *play* und *game* unterschieden, wonach *playing* gleich *gaming* bzw. *spielen* gleich *Spielen* ist (Walther 2003).

Neben der ambiguen Terminologie des Spiels, zeigt sich die Uneindeutigkeit auch im konzeptionellen und praktischen Verständnis vom Spiel. Obwohl zahlreiche Versuche zur konsistenten und kohärenten Beschreibung des Spiels im wissenschaftlichen Diskurs existieren, ist bisher keine allgemeingültige und konsensfähige Definition vorhanden (z. B. Brougère 2021; Sharma et al. 2024; Winnicott und Rodman 2010). Daher wird alleine der Versuch einer Definition des Spiels bereits als ein hoffnungs- bis aussichtloses Unterfangen angesehen (Sutton-Smith 2009). So konstituiert sich ein Spiel aus der subjektiven Wahrnehmung, weswegen es nicht anhand formal-konstituierender oder -intendierter Merkmale beschrieben werden kann. Damit entsteht die Bedeutung des Spiels erst bei dessen Durchführung, weshalb eine Abgrenzung zwischen Spiel und Nicht-Spiel ausschließlich situativ- und perspektivabhängig vorgenommen werden kann (Sutton-Smith 2009).

Hieraus resultierend ist die Ambiguität des Spiels nicht als Problem, sondern als eine hinreichende und notwendige Bedingung für das Verständnis von Spiel zu verstehen. Gerade die begriffliche Offenheit ermöglicht es, unterschiedliche Formen, Grade und Intensitäten unter einem Spiel zu fassen. Demnach wirkt die begriffliche Mehrdeutigkeit bis Vielfalt nicht als *ambiguitas conceptus*, sondern prägt die Art und Weise, wie Spiel wahrgenommen und ausgeführt wird. Daher gilt: Wer Spiel als Spiel erlebt, spielt.

1.2 Ambivalenz des Spiels

Auch wenn die konzeptionellen Überlegungen des Spiels einfach erscheinen, spielerische Elemente in beruflichen oder bildungsspezifischen Kontexten zu übertragen, zeigt sich im Spielcharakter selbst eine wesentliche und limitierende Ambivalenz. So basiert ein Spiel auf einer Ziel- und Zweckoffenheit, die im beruflichen oder bildungsspezifischen Kontext bewusst instrumentalisiert wird. Hierdurch entsteht ein Spannungsverhältnis zwischen spielerischer Freiheit und funktionaler Orientierung, die das Spiel zugleich ermöglichen als auch einschränken. Damit bewegt sich das Spiel zwischen der Möglichkeit zum freien, selbstbestimmten Handeln und der Erwartung, vorbestimmte Ziele und Zwecke zu erfüllen. In diesem Zusammenhang ist die Ambivalenz im Sinne der Mehrdeutigkeit des Spiels nicht als sekundärer Effekt zu verstehen, sondern als ein konstitutives Merkmal des Spiels. Auf diese Weise markiert das Spiel selbst die Grenze zwischen Ermöglichung und Instrumentalisierung, zwischen Motivation und Manipulation sowie zwischen Lernen und Optimierung. Daher erfordert das Spiel eine reflektierte und explizite Auseinandersetzung mit der eigenen Ambivalenz (Brougère 2021).

Die spielerische Ambivalenz zeigt sich auch in der konkreten Anwendung, insbesondere wenn spielerische Ansätze in institutionelle Kontexte übertragen werden. In der Hochschullehre kann bspw. in den Lehrveranstaltungen zum Modul „Big Data Analytics" auch kurze Quizze integriert werden, bei denen die Studierende Fragen zur Veranstaltung und zum Modul beantworten. Auch wenn im Mittelpunkt die spielerische Herausforderung steht, die einerseits die Neugier und Beteiligung der Studierenden fördern und andererseits die Lerninhalte kompakt wiederholen soll, kann die Spielsituation selbst von den Studierenden unterschiedlich wahrgenommen werden: Während einige Studierende die Quizze als spielerische und interaktive Auflockerung der Vorlesung wahrnehmen, können andere Studierende die Quizze als Wissensüberprüfung oder implizite Bewertung wahrnehmen. Dadurch entsteht eine Spannung zwischen freiwilliger Beteiligung und wahrgenommenen Leistungsdruck aus Sicht der *spielenden* Studierenden.

1.3 Anwendungsbereiche des Spiels

Die Einbindung des Spiels oder spielerischer Elemente kann bereits in verschiedenen Bereichen empirisch beobachtet werden. Grundsätzlich werden spielbasierte Ansätze in unterschiedlichen, wirtschaftswissenschaftlichen Forschungsfeldern diskutiert, insbesondere im Marketing, Human Ressource Management, oder auch im Supply Chain Management (Sharma et al. 2024). Innerhalb dieses Diskurses werden spielerische Elemente insbesondere genutzt, um gewünschtes Verhalten zu fördern, komplexe Inhalte zu vermitteln oder die inter- und intraorganisationale Interaktion zu verbessern, wobei gezielt motivierende, kognitive oder soziale Mechanismen adressiert werden. So werden spielerische Elemente bspw. im Marketing zur Steigerung der Kundenbindung und Wahrnehmung eingesetzt (Santos et al. 2024), wohingegen im Supply Chain Management spielbasierte Ansätze zur Förderung der Kooperationsbereitschaft entlang der Supply Chain eingesetzt werden (Oke et al. 2024). Im Human Ressource Management werden spielerische Elemente insbesondere in Lern- und Entwicklungsprozessen zum gezielten Kompetenzaufbau sowie -training integriert (Mohanty und Christopher 2024).

Neben der wissenschaftlichen Diskussion um das Potenzial vom Spiel, wird das Spiel auch in praktischen Kontexten eingesetzt. Grundsätzlich nutzen Unternehmen insbesondere spielerische Ansätze dort, wo komplexe Handlungs- und Entscheidungssituationen erfahrungs- und kontextorientiert vermittelt werden sollen.

So nutzt bspw. Lufthansa im Rahmen des „Lufthansa Aviation Training" simulationsbasierte Umgebungen, in denen Piloten sowie Kabinenbesatzungen realitätsnahe Szenarien durchlaufen. Innerhalb dieser Trainings werden z. B. kritische Flugsituationen, kommunikative Herausforderungen mit Passagieren oder Notfallentscheidungen geübt. Durch die spielähnliche Struktur aus Situation, Entscheidung und unmittelbarer Rückmeldung können handlungsorientierte Kompetenzen unter realitätsnahen Bedingungen entwickelt werden (Lufthansa 2026).

Im Gegensatz zur Lufthansa, nutzt SAP spielerische Elemente in digitalen Lernformaten, bspw. in Form eines virtuellen „Escape Room"-Szenarios zur Cybersecurity-Schulung. In diesem Format bearbeiten Mitarbeitende in Teams verschiedene Aufgaben, die verschiedene Bedrohungsszenarien aus der IT-Sicherheit abbilden, wie z. B. das Erkennen von Phishing-Angriffen, der Umgang mit Ransomware oder die Identifikation von Social-Engineering Versuchen. Durch den spielerischen Kontext werden die eher abstrakten Sicherheitsregeln und Gefahrensituationen in konkrete Entscheidungssituationen übersetzt, mit dem Ziel das Bewusstsein der Mitarbeitenden zu stärken (Schaetz-Kruft 2022).

Eine andere Zielsetzung verfolgt Volkswagen, indem spielerische Elemente in virtuellen Trainingsumgebungen für die Schulung von Fertigungsprozessen eingebunden werden. In einer digitalen Fertigungssimulation können Mitarbeitende bspw. die Montage bestimmter Bauteile mit virtuellen Werkzeugen üben, etwa das Verschrauben oder Einsetzen von Komponenten in einem Fahrzeug. Durch diese Form des trainingsbasierten Simulationsspiels lassen sich komplexe Arbeitsschritte bereits vor dem Einsatz an realen Fertigungslinien erlernen und wiederholt trainieren (Senseglove 2026).

Insgesamt zeigen die exemplarischen Beispiele, dass das Spiel bereits über den Freizeit- und Unterhaltungsbereich hinaus konkret im organisationalen Kontext angewendet wird.

2 Spiel zwischen Methode und Mittel

Die systematische Abgrenzung spielbezogener Ansätze ist notwendig, um das Verhältnis von Spiel zur Methode und zum Mittel zu klären. Dadurch lassen sich unterschiedliche Formen des Spieleinsatzes hinsichtlich ihrer Zielsetzungen, strukturellen Funktionen und Wirklogiken differenzieren. So verschiebt sich bei einem Einsatz des Spiels in methodischen Zusammenhängen dessen Status vom selbstzweckhaften Geschehen hin zu einer intentionalen Praxis (Winnicott und Rodman 2010). Diese Verschiebung erfordert eine systematische Einordnung, da das Spiel andernfalls auf ein austauschbares Instrument reduziert wird (Sutton-Smith 2009). Eine methodische Perspektive berücksichtigt demgegenüber die eigenständige, strukturierende und systematisierende Wirklogik des Spiels.

Aufgrund dessen ist es unabdingbar, das Spiel als Methode vom Spiel als Mittel zu unterschieden: Ein Mittel ist durch seine Zweckbindung definiert und bleibt an externe Zielsetzungen gebunden, wohingegen eine Methode Prozesse des Handelns und Erkennens organisiert, strukturiert und systematisiert. Entsprechend beeinflusst eine Methode, wie Erfahrungen gemacht werden, wie Bedeutungen entstehen und welche Formen von Wissen hervorgebracht werden. Gerade dort, wo ein Spiel methodisch eingesetzt wird, besteht jedoch die Gefahr, dass die Eigenlogik zugunsten äußerer Zwecke überformt, wird. Ein Spiel bewegt sich traditionell in einem Zwischenraum, da es weder rein zweckfrei noch vollständig zweckgebunden ist. Diese Zwischenstellung gerät unter Druck, sobald ein Spiel funktionalisiert wird (Brougère 2021). Daher ist es bei der Betrachtung des Spiels im methodischen Kontext ohne begriffliche Abgrenzung unklar, ob es lediglich unterstützend wirkt oder den Prozess selbst konstituiert. Die systematische Abgrenzung schafft hier die erforderliche analytische Klarheit. Zugleich trägt die Abgrenzung dazu bei, der Offenheit des Spiels gerecht zu werden, ohne diese in Beliebigkeit,

C. Freye, S. Akseki, *Spiel als Methode*, essentials,
https://doi.org/10.1007/978-3-658-51610-9_2

Unbestimmtheit oder Unklarheit zu diskutieren. Eine systematische Abgrenzung ermöglicht es, die Bedingungen zu bestimmen, unter denen das Spiel die Offenheit bewahrt, während es zugleich methodisch wirksam wird. Auf dieser Weise wird verhindert, dass Spiel entweder (über-)romantisiert oder vollständig (unter-)funktionalisiert wird.

Die Abgrenzung dient ferner der Einordnung gegenüber angrenzenden und spielbasierten Konzepten. So setzen gegenwärtige Diskussionen das Spiel häufig mit spielerischen Elementen, gestalterischen Prinzipen oder motivationalen Maßnahmen gleich. Diese begriffliche Ausweitung erschwert eine methodische Betrachtung, da unterschiedliche Zielsetzungen und Wirklogiken unter einem gemeinsamen Terminus des Spiels zusammengefasst werden (Walther 2003). Demnach ermöglicht die Abgrenzung das Spiel nicht als unspezifisches Merkmal, sondern als eigenständige Methode zu betrachten, zu diskutieren und zu verstehen.

Dabei liegt der Fokus auf *Playification*, *Gamification* und *Serious Game*, da diese Konzepte das Spannungsverhältnis zwischen Spiel als Mittel und Spiel als Methode repräsentieren. So repräsentieren die Konzepte unterschiedliche Positionierungen hinsichtlich der zunehmenden methodischen Rigorosität und Stringenz des Spiels:

Während *Playification* das Spielerische primär als handlungsleitende Haltung etabliert, ohne feste Spielsysteme vorauszusetzen, nutzt *Gamification* ausgewählte Spielelemente gezielt zur Unterstützung externer Zielsetzungen. Im Gegensatz zu Playification und Gamification, integriert das *Serios Game* die Lern- und Entwicklungsziele in geschlossene bis experiment-orientierte Spielsystemen, in denen das Spiel selbst den Prozess strukturiert.

Diese Abstufung ermöglicht eine differenziertere Betrachtung der Übergänge vom Spiel als unterstützendes Mittel hin zum Spiel als bestimmende Methode. In diesem Zusammenhang werden die Konzepte des *Game* und *game-based learning* als rahmende Konzepte berücksichtigt. So bildet das *Game* den strukturellen Ausgangspunkt, da es die grundlegenden Mechaniken, Regeln und Spiellogiken bereitstellt, auf denen die zuvor genannten Konzepte aufbauen. Das *game-based Learning* fungiert als übergeordneter Rahmen, der den Einsatz von Spielen in Lernkontexten beschreibt, ohne selbst eine spezifische Positionierung im Spannungsfeld zwischen Methode und Mittel vorzunehmen (Edwards et al. 2023). Folglich sind beide Konzepte für die konzeptionelle Einordnung erforderlich, stehen jedoch nicht im Mittelpunkt dieser Abgrenzung.

Andere Ansätze wie bspw. *agile Games*, *gameful Design* oder *playful Design* werden explizit ausgrenzt, da diese Konzepte das Spiel ausschließlich als Mittel zur Unterstützung externer Zielsetzungen behandeln. So strukturieren diese Ansätze die Arbeitsweisen, Lerninhalte oder Prozesse vorab und nutzen spielerische

Elemente lediglich zur Verbesserung dieser Vorgaben. Damit besitzt das Spiel in diesen Konzepten keine methodische Eigenständigkeit, da es den Prozess nicht selbst grundlegend konstituiert. Aus diesem Grund ermöglicht die Abgrenzung eine kohärente Fokussierung, verhindert eine funktionale Verkürzung des Spiels und ermöglicht eine systematische Betrachtung jener Konzepte, in denen Spiel sowohl strukturierend als auch fundamental-konstitutiv wirksam wird (Goria 2023).

Im Zusammenhang mit dem Spiel werden eine Vielzahl verschiedener Ansätze diskutiert, wie z. B. *art game business origami*, *cubification*, *datagame*, *empathic game*, *exergame*, *gamitrization*, *lego serious play*, *newsgame*, *retrospective bingo* oder *wargame*. Dabei resultiert die Vielzahl an Ansätzen aus der Adaption spielerischer Zwecke in unterschiedlichen Forschungs- und Praxisbereichen. Unabhängig von der gemeinsamen Grundbasis des Spiels unterscheiden sich die einzelnen Ansätze in ihren Zielsetzungen, ihrer methodischen Einbindung und ihren zugrunde liegenden erkenntnistheoretischen sowie didaktischen Annahmen.

2.1 Konzepte des Spiels im methodischen Kontext

Die folgende Darstellung ordnet zentrale spielbezogene Konzepte systematisch ein und positioniert diese ausschließlich im Spannungsfeld zwischen dem Spiel als Mittel und dem Spiel als Methode. Dadurch werden die unterschiedlichen *Zielsetzungen*, *strukturellen Funktionen* und *Wirklogiken* der Konzepte vergleichbar. Dabei wird explizit auf eine umfassende Typologie verzichtet, da die methodische Fokussierung hier priorisiert wird. Die Abgrenzung folgt dem Kriterium, welche Rolle das spielerische Konzept im jeweiligen Prozess des Handelns, Lernen oder Erkennens übernimmt. Die verbalisierte Abgrenzung orientiert sich daran, ob Spiel einen Prozess lediglich unterstützt oder diesen selbst strukturiert. Konzepte, in denen Spiel überwiegend instrumentell eingesetzt wird, orientieren sich eher am Charakter des Mittels, wohingegen Konzepte, in denen das Spiel den Prozess konstituiert, sich eher am Charakter der Methode orientieren. Diese Unterscheidung erlaubt es, das Spiel nicht generell bis pauschal zu bewerten, sondern den *methodischen Status* kontextabhängig zu bestimmen.

Auf dieser Grundlage erfolgt eine (initiale) konzeptionelle Einordnung der spielbasierten Ansätze entlang ihrer konstituierenden Merkmale im methodischen Kontext (Edwards et al. 2023). Dabei beschreibt das Merkmal der *Zielsetzung* die intendierte Wirkung eines spielbasierten Ansatzes, bspw. in Hinblick auf Motivation oder Lernen. Die *strukturelle Funktion* umschreibt, welche Bedeutung das Spiel innerhalb eines Prozesses einnimmt, von unterstützend bis strukturierend. Das Merkmal der *Wirklogik* fokussiert sich auf die Entstehung der Wirkung aus dem Spiel, bspw. durch Anreize oder Erfahrungen. Der *methodische Kontext* umschreibt die Form der praktischen Anwendung. Hiervon ausgehend lassen sich *Gamification, Serious Game* und *Playification* unterscheiden, wohingegen *Game* und *game-based learning* eher als ein didaktischer Bezugsrahmen fungieren.

Die *Gamification* nutzt ausgewählte Spielelemente zur Unterstützung externer Zielsetzungen, wie bspw. Abzeichen, Punktsysteme oder Ranglisten. Die Zielsetzung liegt in der Beeinflussung von Motivation oder Verhalten. Das Spiel übernimmt eine fragmentarische und eher unterstützende Funktion. Die Wirklogik beruht auf Anreiz- und Rückmeldesysteme. Die Besonderheit liegt darin, dass nicht das Spiel selbst im Mittelpunkt steht, sondern einzelne Elemente des Spiels funktional in bestehende Kontexte übertragen werden. Das Spiel wirkt hier primär als Mittel.

Das *Serious Game* integriert außerspielerische Zielsetzungen, wie bspw. Entscheidungsfähigkeit oder Handlungsreflexion in ein vollständiges Spielsystem. Das Spiel strukturiert den Prozess selbst. Die Zielsetzung ist intentional. Die Wirklogik basiert auf der Verbindung von Spielhandlung und inhaltlicher Auseinandersetzung. Die Besonderheit besteht darin, dass das Spiel und die inhaltliche Zielsetzung aufeinander abgestimmt werden. Das Spiel nähert sich eher einer konstitutiven methodischen Funktion an.

Das Playification versteht das Spiel als handlungsleitende Praxis. Die Zielsetzung liegt in der Ermöglichung offener und explorativer Prozesse. Das Spiel wirkt als Modus des Handelns. Die Wirklogik entsteht aus Offenheit, Improvisation und situativer Sinnbildung. Die Besonderheit besteht darin, dass das Spiel nicht als eine klassische Methode eingesetzt wird, sondern als Haltung oder Modus des Handels wirkt. Damit fungiert das Spiel eher als methodische Haltung und lässt sich nicht strikt in Methode oder Mittel differenzieren.Das Game beschreibt das Spiel im engeren Sinne. Die Zielsetzung liegt in der Hervorbringung von Bedeutung durch die Spielhandlung selbst. Das Spiel erfüllt eine selbstzweckhafte Funktion. Die Wirklogik entsteht aus der Interaktion von Regeln, Handlung und Rückmeldung. Lernen kann als Ergebnis entstehen, besitzt jedoch keinen intendierten Status. Die Besonderheit liegt im Selbstzweck des Spiels, da die Bedeutung des Spiels primär aus dem Vollzug der Spielhandlung hervorgeht.

Das game-based learning bezeichnet einen didaktischen Rahmen für den Einsatz von Spielen. Die Zielsetzung liegt in der Unterstützung von Lernprozessen. Das Spiel fungiert als Instrument innerhalb einer didaktisch gestalteten Situation. Die Wirklogik ergibt aus der eher pädagogischen Einbettung, nicht aus dem Spiel allein. Die Besonderheit liegt darin, dass die Wirksamkeit weniger aus dem Spiel selbst entsteht als aus der eigentlichen didaktisch-pädagogischen Rahmung durch das Spiel.

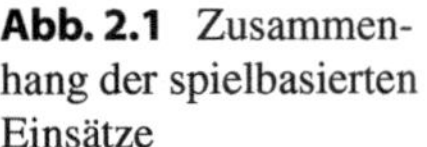

Abb. 2.1 Zusammenhang der spielbasierten Einsätze

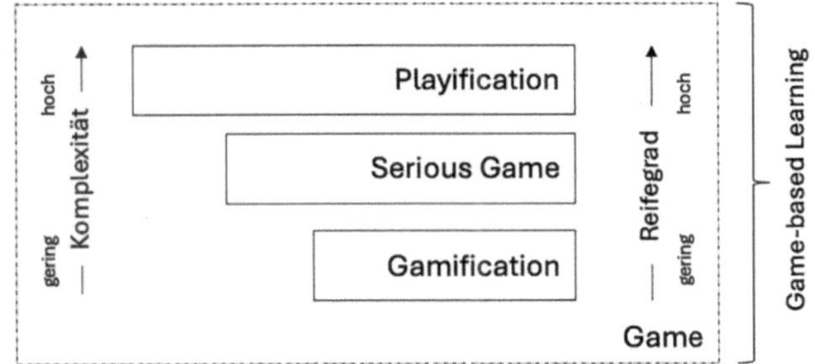

Die Abb. 2.1 strukturiert die Beziehungen der spielbasierten Ansätze zu-, mit- sowie untereinander.

2.2 Einordnung der Konzepte des Spiels im methodischen Kontext

Mithilfe der Einordnung der ausgewählten Ansätze des Spiels, wird eine vergleichende Darstellung und Positionierung im Spannungsfeld des Spiels als Mittel und des Spiels als Methode angestrebt. Die Ordnung der Ansätze folgt einer begründeten Abstufung, die unterschiedliche Grade der methodischen Integration des Spiels berücksichtigt (Mohanty und Christopher 2024). Entscheidend ist, in welchem Umfang das Spiel den Prozess lediglich unterstützt oder diesen selbst konstituiert, strukturiert und vordefiniert. Gleichzeitig stellt die Abstufung der Konzepte die Entwicklungslinie dar, die vom Spiel als „Selbstzweck" über dessen instrumentelle Verwendungen bis hin zu haltungsbezogenen Formen des Spiels reicht. Innerhalb dessen fungiert das Konzept des *Game* als struktureller Ausgangspunkt, da es grundlegende Spielmechaniken und Spiellogiken bereitstellt. Die *Gamification* verschiebt den Einsatz des Spiels in Richtung funktionaler Unterstützung externer Zielsetzungen. Das *game-based learning* erweitert diese Perspektive um eine didaktische Rahmung, ohne das Spiel selbst zum tragenden Strukturprinzip zu machen. Das *Serious Game* integriert außerspielerische Zielsetzungen in vollständige Spielsysteme und weisen dem Spiel eine konstitutive methodische Funktion zu. Das *Playification* verlagert den Fokus abschließend von festen Spielstrukturen hinzu einer spielerischen Haltung und Praxis (Edwards et al. 2023).

Die Einordnung strukturiert die ausgewählten Ansätze entlang zentraler Merkmale und macht ihre Unterschiede systematisch darstellbar. Dabei dient die Auswahl der Merkmale ausschließlich der analytischen Fokussierung auf die

Konzept	Anwendung	Beispiel	Beschreibung	Ziel	Funktion des Spiels	Wirklogik	Rolle im Prozess	Methode oder Mittel
Game	Videospiele	Super Mario	regelbasiertes Spielsystem mit Interaktion, Rückmeldung und Ergebnis	Unterhaltung	Selbstzweck	Sinnentstehung durch Regelausführung, Handlung und unmittelbare Rückmeldung	Spiel konstituiert einen eigenständigen Erfahrungsraum ohne externen Zweck	Weder Methode noch Mittel, da das Spiel keinen außerspielerischen Prozess unterstützt oder strukturiert
Gamification	Punktsystem, Abzeichen	Tractive	Einsatz einzelner Spielelemente in spielfremden Kontext	Motivation, Verhaltenssteuerung	unterstützend	Aktivierung durch Anreiz- und Rückmeldung	Spiel unterstützt einen bereits vorgegebenen Lern- oder Handlungsprozess	Mittel, da Spielelemente funktional zur Zielerreichung eingesetzt werden
Game-based learning	Lernspiele	Börsenplanspiel	didaktischer Einsatz von Spielen zur Unterstützung des Lernens	Lernunterstützung	instrumentell	Lernen durch pädagogische Rahmung des Spiels	Spiel begleitet und unterstützt einen didaktischen vorstrukturierten Lernprozess	Mittel, da das Spiel den Prozess nicht selbst strukturiert
Serious Game	Trainings- und Lernspiele	CEO2	vollständiges Spiel mit integrierten Lern- oder Erkenntniszielen	Wissens- und Kompetenzentwicklung	strukturierend	Lernen durch spielinterne Entscheidungen, Konsequenzen und Rückmeldung	Spiel strukturiert den Lern- oder Erkenntnisprozess selbst	Methode, da das Spiel den Prozess konstituiert
Playification	spielerische Arbeitsform	diverse Workshopformate	spielerische Haltung und Praxis des Handelns	Exploration, Sinnbildung	erfahrungsleitend	Erkenntnis durch Offenheit, Improvisation und situative Praxis	Spiel prägt die Art des Handelns und Denkens	Methode, da das spielerische den Prozess rahmt und bildet

Abb. 2.2 Einordnung der Konzepte des Spiels

wesentlichen Unterschiede der Ansätze. Auf diese Weise werden jene Merkmale hervorgehoben, die für die Bestimmung des methodischen Charakters des Spiels relevant sind.

Die Abb. 2.2 zeigt in Erweiterung zu Edwards et al. (2023), dass sich die spielbezogenen Konzepte nicht kategorial, sondern graduell zwischen Mittel und Methode positionieren lassen. Ausschlaggebend ist nicht die äußere Form und Wahrnehmung des Spiels, sondern die Rolle, die das Spiel im jeweiligen Prozess des Handelns, Lernen oder Erkennens übernimmt.

Spiel als Lern- und Erkenntnisprozess 3

Das Spiel wird hier als zielorientierter und funktionalisierter Lern- und Erkenntnisprozess verstanden. Damit handelt es sich beim Spiel nicht um ein freies und zweckoffenes Spiel, sondern um eine didaktisch gerahmte Methode, die auf bestimmte Lern- und Erkenntnisziele ausgerichtet ist (Caillois 1961). Dabei ist das Spiel in institutionelle Kontexte eingebettet, die den Lernprozess strukturieren, Handlungsspielräume eröffnen und die Erfahrungsbildung systematisch anleiten, ohne die grundlegende Offenheit des Spiels aufzugeben (Sharma et al. 2024). Als Lernprozess organisiert das Spiel die Handlungssituationen, wobei die Erkenntnisse durch das aktive Entscheiden und Handeln im Spiel entstehen. Das gesamte Spielgeschehen wird durch Regeln und Zielvorgaben gerahmt, um die relevanten Problemstellungen zu kennzeichnen. Innerhalb dieser „Grenzen" des Spiels sind die konkreten Lösungswege offen, sodass „Spieler" (Lernende) eine eigene Strategie entwickeln, ihre Annahmen prüfen, Entscheidungen treffen und ihr Spielvorgehen in Abhängigkeiten von der Rückmeldung des Spiels ändern. Damit liegt die pädagogische Funktion des Spiels in der Ermöglichung selbstständiger und handlungsbezogener Sinnkonstruktionen unter methodisch-strukturierter Führung (Winnicott und Rodman 2010).

Das Spiel zielt, anders als instruktive Lernformen wie instruktionsbasiertes („instruction-based learning", Kang et al. 2022) oder programmiertes Lernen („programmed learning", Lumsdaine und Glaser 1960), auf die gezielte Ermöglichung lernrelevanter Erfahrung ab. Daher wird die Komplexität nicht reduziert, sondern durch eine gezielte Strukturierung bearbeit-, handhab- und damit erlebbar gemacht. Das Spiel verbindet Handlung, Rückmeldung und Bewertung in wiederholenden Sequenzen. Damit entsteht die Erkenntnis prozessual, indem Erfahrung wahrgenommen, interpretiert und in weiteres Handeln umgesetzt wird. Demnach

C. Freye, S. Akseki, *Spiel als Methode*, essentials,
https://doi.org/10.1007/978-3-658-51610-9_3

erlaubt das zielorientierte Spiel einen kontrollierten Umgang mit Unsicherheit, wobei Fehler bewusst nicht vermieden, sondern als wesentlicher Bestandteil des Lern- und Erkenntnisprozesses genutzt werden (Huotari und Hamari 2017). Dadurch entsteht ein geschützter Erfahrungsraum, der exploratives Handeln und reflexive Lernprozesse unterstützt (Winnicott und Rodman 2010).

Vor diesem Hintergrund wird das Spiel als methodisch gestalteter Lern- und Erkenntnisprozess verstanden, der externe Zielbindung mit prozessualer Offenheit verbindet. In den nachfolgenden Unterkapiteln wird diese Perspektive weiter konkretisiert und präzisiert.

3.1 Spiel als Erfahrungsraum des Lernens

Das Spiel ermöglicht, eröffnet und erschafft einen spezifischen Erfahrungsraum, indem Lernen durch Handeln, Wahrnehmung und Reflexion entsteht. Dabei steht nicht die Vermittlung vordefinierter und -konkretisierter Inhalte im Vordergrund, sondern die Möglichkeit, Erfahrungen systematisch zu machen, zu sammeln und zu bewerten. Damit entsteht das Lernen aus dem praktischen Handeln, das durch die bewusste Reflexion in konkrete Erkenntnisse überführt wird. Diese Perspektive stützt sich auf Lernansätze, wie das erfahrungsbasierte Lernen („experiential learning", Kolb 1984) oder das problemorientierte Lernen („problem-based learning", Barrows 1996), die Erfahrung als zentrale Grundlage von Lernprozessen verstehen. In diesen Ansätzen entsteht das Lernen nicht allein durch das Erleben von Situationen, sondern durch die explizite Auseinandersetzung mit dem eigenen Handeln und dessen möglichen Konsequenzen. Demnach erhält Erfahrung ihren „Wert" für das Lernen erst dann, wenn das Handeln bewertet, eingeordnet und reflektiert wird. Damit einhergehend wird das Lernen als ein fortlaufender Prozess verstanden, indem Handeln, Entscheiden und Reflektieren eng miteinander verbunden sind. Als Folge entsteht die Erkenntnis nicht punktuell, sondern entwickelt sich schrittweise aus der kontinuierlichen Verarbeitung der (gemachten) Erfahrung (Kolb und Kolb 2005; Kolb 1984).

In diesem Zusammenhang kann das Spiel eine zentrale Funktion für das Lernen übernehmen. So erzeugt das Spiel strukturierte Handlungssituationen, in denen „Spieler" (Lernende) Entscheidungen treffen und deren Konsequenzen unmittelbar erfahren können. Durch Aufgaben, Regeln und Vorgaben wird die Situation des Spiels geordnet, strukturiert sowie vorgegeben, weswegen die Aufmerksamkeit gezielt auf die lernrelevanten Aspekte des Handels gerichtet wird. Gleichzeitig bleibt der Verlauf des Spiels soweit offen, dass unterschiedliche Herangehens- und Vorgehensweisen erprobt, bewertet und angepasst werden können (Loon 2021). Damit schafft das Spiel einen „gerahmten Erfahrungsraum", indem Erfahrung gezielt hervorgebracht, reflektiert und in Erkenntnis überführt wird. Der „geschützte Charakter“ dieses Erfahrungsraums ermöglicht es, Handlungsalternativen zu erproben und deren Konsequenzen zu beobachten, ohne dass etwaige Fehlentscheidungen zu realen Konsequenzen führen. Diese kontrollierte Form der Erfahrungsbildung und -sammlung unterstützt die schrittweise Verarbeitung von Eindrücken, Erlebnissen und Einsichten. Zusätzlich fördert der „Schutz“ im Spiel den konstruktiven Umgang mit Unsicherheit, da Unklarheit, situative Offenheit und Mehrdeutigkeit bei begrenzter Kontrolle durch den „Spieler“ (Lernenden), als Bestandteil des Lern- und Erkenntnisprozesses erfahr- und erlebbar werden (Winnicott und Rodman 2010).

▶ **Spiel** Das „Spiel“ beschreibt einen methodisch gestalteten Erfahrungs- und Erkenntnisraum, indem das Lernen durch die Verbindung von Handeln, Wahrnehmung und Reflexion entsteht. Damit ermöglicht das Spiel die Erfahrung nicht zufällig, sondern systematisch zu machen, zu sammeln und selbst zu bewerten. Im Mittelpunkt des Spiels steht nicht die Vermittlung vordefinierter Inhalte, sondern die strukturierte Auseinandersetzung mit konkreten Handlungssituationen, deren Konsequenzen aufgezeigt und reflektiv durch den „Spieler“ selbst verarbeitet werden.

3.2 Spielzyklus zur Erkenntnisgenerierung

Aufbauend auf dem Verständnis des Spiels als ein methodisch gestalteter Erfahrungsraum lässt sich die „Erkenntnis“ im Spiel als ein zyklischer Prozess beschreiben. Dabei entsteht die Erkenntnis nicht punktuell, sondern entwickelt sich über wiederholende (Spiel-) Durchläufe und strukturierter Handlungsschritte (Kolb 1984). Damit adressiert der Spielzyklus diesen methodisch-motivierten Ablauf, durch den Erfahrungen im Spiel systematisch verarbeitet und in Erkenntnis überführt werden.

Grundsätzlich setzt sich der Spielzyklus aus vier zentralen Elementen zusammen, wie in Abb. 3.1 dargestellt: (1) Entscheidung, (2) Rückmeldung, (3) Bewertung und Einordnung sowie (4) Anpassung des Handelns.

Zunächst treffen die „Spieler“ (Lernende) im Spiel (1) Entscheidungen, die auf aktuellen Annahmen, Strategien oder Zielvorstellungen basieren. Dabei können diese Annahmen als vorläufig angesehen werden, da nicht alle Wirkzusammenhänge zu Beginn des Spiels bekannt sind. Anschließend erzeugt das Spiel als

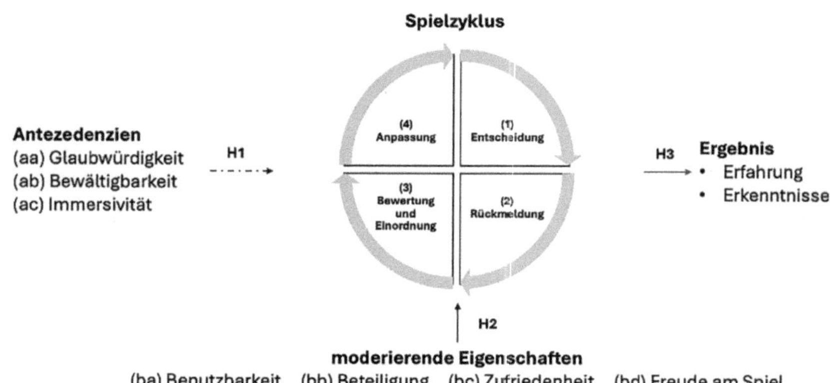

Abb. 3.1 Spielzyklus mit Eigenschaften im Spiel

System eine (2) Rückmeldung, um die Konsequenzen aus der (1) Entscheidung unmittelbar sichtbar zu machen. Diese Rückmeldungen machen die Wirkungen und Folgen der Entscheidung im konkreten Spielkontext sichtbar. Daran schließt sich die (3) Bewertung und Einordnung der Rückmeldung durch den „Spieler“ (Lernenden) an. Innerhalb dessen ist die lernrelevante Bedeutung der Rückmeldung nicht per se ersichtlich, sondern erschließt sich erst durch die Wahrnehmung und Einordnung durch den „Spieler“ (Lernende) selbst. Diese vergleichen die beobachteten und damit „erlebten“ Effekte aus der (2) Rückmeldung mit ihren Annahmen, Strategien oder Zielvorstellungen. Da die einzelnen (2) Rückmeldungen nur einen Teilaspekt eines komplexen Sachverhalts im Spiel abbilden können, bleibt ihre Bedeutung zunächst begrenzt. Daher gilt zu beachten, dass die Erkenntnis nicht aus einer einzelnen Rückmeldung entsteht, sondern aus der wiederholten Auseinandersetzung mit mehreren Spielereignissen. Auf dieser Grundlage erfolgt die (4) Anpassung des weiteren Handelns. So verändern die „Spieler“ (Lernende) ihre Annahmen, Strategien oder Zielvorstellungen und treffen erneut eine (1) Entscheidung. Damit schließt sich der Zyklus und setzt sich gleichzeitig wieder fort (Kolb und Kolb 2005).

Folglich entsteht aus der wiederholten Abfolge von (1) Entscheidung, (2) Rückmeldung, (3) Bewertung und Einordnung sowie (4) Anpassung des Handelns ein strukturierter Prozess, indem Erfahrung nicht isoliert bleibt, sondern schrittweise zu lern- und erkenntnisrelevanten Einsichten verdichtet wird.

3.3 Eigenschaften im Spiel

Da das Spiel hier als ein methodisch gestalteter Lern- und Erkenntnisprozess verstanden wird, ist es unabdingbar die Bedingungen zu betrachteten, unter denen dieser Prozess wirksam wird. So ist das Spiel nicht per se durch die formale Struktur wirksam, sondern wird erst durch die spielerischen Eigenschaften im Prozess wirksam. Dabei bestimmen die Eigenschaften maßgeblich, wie das Spiel an sich von den „Spielenden" (Lernenden) erfahren, wahrgenommen und genutzt wird. Daher beeinflussen die Eigenschaften, wie das Spiel wirkt. Trotz der Relevanz der Eigenschaften, bilden diese auch eine zentrale Limitation im Spiel (Freye und Arica 2025). So erschweren die Vielzahl an möglichen, relevanten und spielbezogenen Eigenschaften, ihre kontext-, situations- und wechselseitigen Abhängigkeiten sowie die unterschiedlichen Wahrnehmungen durch die „Spieler" (Lernende) die eindeutige Wirkzuschreibung. Auch sind die Eigenschaften empirisch nicht strikt isolier- und voneinander abgrenzbar, sodass kausale Wirkzusammenhänge nur eingeschränkt möglich sind. Aufgrund dessensind die folgenden Darlegungen zu den Eigenschaften im Spiel nicht als allgemeingültige Ausführungen zu deuten, sondern eher als eine initiale Orientierung zu verstehen. Innerhalb dessen werden ausschließlich die grundlegenden Wirkungen der Eigenschaften ausgeführt, weswegen die Variabilität der Eigenschaften, insbesondere im Verständnis einer Drittvariable, hier explizit ausgegrenzt werden.

Um die Eigenschaften näher darzulegen, wird eine Unterscheidung zwischen (a) *Antezedenzien* und (b) *moderierenden Eigenschaften* vorgenommen, wie in Abb. 3.1 dargestellt Dabei umschreiben Antezedenzien die Bedingungen, die dem eigentlichen Spiel vorausgehen und daraufhin entscheiden, ob das Spiel überhaupt als sinnvoller Lern- und Erfahrungsraum wirken kann. Im Gegensatz zu den Antezedenzien beschreiben die moderierenden Eigenschaften keine vorangegangenen Bedingungen, sondern die Einflussfaktoren, die den Spielverlauf und -intensität beeinflussen (Walther 2003). Damit bestimmen die moderierenden Eigenschaften nicht, ob das Spiel wirksam werden kann, sondern in welchem Ausmaß die Lern- und Erkenntnisprozesse stattfinden kann. Demnach wirken die moderierenden Eigenschaften eher auf die Ausführung des Spiels und beeinflussen, wie häufig, wie intensiv und wie lange sich „Spielende" (Lernende) mit der (1) Entscheidung, (2) Rückmeldung, (3) Bewertung und Einordnung sowie (4) Anpassung im Spielzyklus beschäftigen (Kolb und Kolb 2005).

Mit Blick auf die (a) *Antezedenzien* sind insbesondere die (aa) Glaubwürdigkeit („credibility"), (ab) Bewältigbarkeit („achievability") und (ac) Immersivität („immersibility") bedeutsam (z. B. Besalti und Smith 2024; Teng et al. 2024).

Innerhalb dessen beeinflusst die (aa) Glaubwürdigkeit, inwieweit Regeln, Vorgaben und Konsequenzen des Spiels als stimmig wahrgenommen werden, wohingegen die (ab) Bewältigbarkeit bestimmt, inwieweit Aufgaben, Anforderungen und Handlungsmöglichkeiten als grundsätzlich machbar eingeschätzt werden. Die (ac) Immersivität beeinflusst, wie stark der Spielkontext als zusammenhängender Erfahrungsraum erlebt wird. Auch wenn diese Antezedenzien nicht unmittelbar auf den Lern- und Erkenntnisprozess wirken, beeinflussen diese, inwieweit die „Spielenden" (Lernenden) den Spielzyklus überhaupt aufnehmen, ausführen und wiederholend durchlaufen (Teng et al. 2024). In Bezug auf die (b) *moderierenden Eigenschaften* sind insbesondere die (ba) Benutzbarkeit („usability"), (bb) Beteiligung („involvement"), (bc) Zufriedenheit („satisfaction") und (bd) Freude am Spiel („enjoyment") bedeutsam (z. B. Moon et al. 2023; Saiger et al. 2023; Wibisono et al. 2023). Innerhalb dessen beeinflusst die (ba) Benutzbarkeit, inwieweit spielinterne Entscheidungen getroffen und Rückmeldungen aufgenommen werden können, ohne dass der Spielprozess durch vermeidbare Anwendungs-, Bedien- oder Nutzungshürden behindert wird (Moon et al. 2023). Die (bb) Beteiligung beeinflusst, inwieweit sich konkret mit dem Spielzyklus auseinandergesetzt wird (Saiger et al. 2023), wohingegen die (bc) Zufriedenheit beeinflusst, inwieweit der Spielprozess beendet oder fortgeführt wird (Wibisono et al. 2023). Die (bd) Freude am Spiel beeinflusst, inwieweit mit der Offenheit und Unsicherheit im Spiel umgegangen wird (Wibisono et al. 2023). Analog zu den Antezedenzien wirken auch die moderierenden Eigenschaften nicht unmittelbar auf den Lern- und Erkenntnisprozess, sondern beeinflussen, inwieweit die „Spielenden" (Lernenden) das Spiel über mehrere Spielzyklen hinweg aufnehmen, fortführen und variieren.

Die Abb. 3.1stellt stark vereinfacht die Wirkzusammenhänge der Eigenschaften im Spiel dar. Dabei werden die (a) Antezedenzien mit dem Spielzyklus, mit den (b) moderierenden Eigenschaften und dem angestrebten Lern- und Erkenntnisergebnissen aus dem Spiel in einer prozessualen Struktur zusammengeführt. Innerhalb dessen beschreibt die Hypothese 1 (H1) den Einfluss der Gestaltungsbedingungen des Spiels auf die Aufnahme des Spielzyklus, wohingegen die Hypothese 2 (H2) die moderierende Wirkung der Eigenschaften auf den Spielzyklus adressiert. Die Hypothese 3 (H3) stellt die Wirkung des Spielzyklus auf die Generierung von Ergebnissen in Form der angestrebten Lernerfahrungen und Erkenntnisse dar. Es gilt zu beachten, dass bewusst die Stärke der Wirkungspfade außen vorgelassen wird. Demnach kann es als eine starke Vereinfachung eines Wirkungsmodell verstanden werden.

3.4 Potenziale und Limitationen im Spiel

Die Nutzung spielbasierter Ansätze ist weder a priori förderlich-wirksam noch per se hinderlich-problematisch für die Generierung von Erkenntnissen. Da die Wirkung der spielbasierten Ansätze maßgeblich von deren konkreten Gestaltung, dem Kontext und der Umsetzung abhängt, ist eine duale Betrachtung der Potenziale und Limitationen unumgänglich. Dabei werden die beiden Perspektiven der *„Spielenden"* und der *„Spielleitenden"* einbezogen, da der Spielzyklus einerseits bewertet, erlebt und erfahren sowie andererseits strukturell begleitet, gerahmt und verantwortet wird.

So kann auf Basis kognitions- und motivationspsychologischer Theorien davon ausgegangen werden, dass sich „Spielende" eher mit Inhalten auseinandersetzen, wenn Aufgaben als interessant und bedeutsam erlebt werden (Plass et al. 2015). In diesem Zusammenhang bestätigen verschiedene Beiträge den positiven Effekt auf das Engagement, Motivation sowie die Leistung von „Spielenden" (z. B. Barbosa und De Ávila Rodrigues 2020; Hamzeh et al. 2017; Jääskä et al. 2022). Auch unterstützen spielbasierte Ansätze die Aneignung neuer Erkenntnisse, die Stärkung konzeptuellen Verständnisses und die Anwendung in konkreten Handlungssituationen. Ebenso bestätigen verschiedene Beiträge die Stärkung überfachlicher Kompetenzen, wie z. B. Entscheidungs- oder Problemlösefähigkeit (Sousa und Rocha 2019). Allerdings ist zu beachten, dass diese Potenziale unmittelbar von der didaktischen Einbettung, der Passung zum Erkenntnisziel und der Qualität der Umsetzung des Spiels abhängt. Auch reagieren nicht alle „Spielende" gleichermaßen positiv oder negativ auf spielerische Ansätze (z. B. Barbosa und De Ávila Rodrigues 2020; Chang et al. 2020).

Aus der Perspektive der „Spielleitenden" liegt das Potenzial wesentlich in der Aktivierung von Lernprozessen, in der Förderung anwendungsbezogener Kompetenzen und in der Visualisierung komplexer Zusammenhänge. Jedoch erfordert die Nutzung des Spiels eine umfassende Planung, curriculare Integration und didaktische Rahmung (Sousa und Rocha 2019). Mit Blick auf die Anwendung des Spiels im organisationalen Kontext, erweitern sich diese Limitationen für „Spielleitende". So sind bspw. statt wissensvermittelnder Elemente eher moderierende und strukturierende Elemente zu ergänzen. Auch beeinflussen die bestehenden Hierarchien und Rollenverständnisse die Akzeptanz der spielbasierten Ansätze (z. B. Mohanty und Christopher 2024; Sharma et al. 2024; Sousa und Rocha 2019). So besteht die Gefahr, dass bspw. in Organisationen mit starken Autoritäts- und Machstrukturen das Spiel eher skeptisch betrachtet wird, da die spielerische Offenheit von der gewohnten formalen Steuerung abweicht.

Im Bereich der Erwachsenenbildung bestätigt die Studie von Jääskä und Aaltonen (2022) die praktischen Potenziale und Limitationen des Spiels. Aus Sicht der „Spielenden“ wird ein gesteigertes Interesse und höhere Aufmerksamkeit berichtet. Außerdem wird das Lernen durch das praktische Ausprobieren in einer risikofreien Umgebung als „erleichtert“ bis „einfacher“ wahrgenommen. Auch wird das Spiel als eine einprägsame bis nachhaltige Lernerfahrung beschrieben. Als wesentliche Limitationen werden der „kognitive Stress“ durch die ungewohnte Lernsituation sowie die dadurch mögliche Frustration genannt. Auch wird die unmittelbare und nachvollziehbare Verbindung von „Spiel“ zu „Themeneinheit“ eher kritisch gesehen. Aus Sicht der „Spielleitenden“ wird die Inspiration und Motivation durch das Spiel als besonders mehrwertstiftend gesehen. Auch wird die Möglichkeit zur Förderung generischer Kompetenzen als Potenzial wahrgenommen. Als Limitationen werden der Aufwand zur Planung und Durchführung, die Schwierigkeit bei der eindeutigen Wirkungsmessung sowie didaktische Schwierigkeiten genannt. Diese Erkenntnisse werden auch in vergleichbaren Studien, bspw. von Lester et al. (2023) und Kovács et al. (2025) bestätigt.

4 Anwendung des Spiels in der Praxis

Aus dem Verständnis des Spiels als Methode ergibt sich unmittelbar die Notwendigkeit, sich mit der praktischen Anwendung des Spiels auseinanderzusetzen. Als grundlegendes Element im Lern- und Erkenntnisprozess stellt sich zwangsläufig die Frage nach der konkreten Umsetzung des Spiels in der Praxis. Insbesondere methodisches Handeln bleibt wirkungslos, wenn es nicht konkret in die „gelebte Praxis" umgesetzt wird (Sutton-Smith 2009). Damit wird die Anwendung des Spiels nicht als methodische Vereinfachung betrachtet, sondern als konsequente Fortführung des methodischen Anspruchs des Spiels selbst. Gleichzeitig ist die Anwendung des Spiels nicht anspruchslos, da das Spiel als Methode nicht nur einfach „eingesetzt" werden kann, sondern bewusst gestaltet, gerahmt und in bestehende Kontexte integriert werden muss. Dieser Anspruch steigt mit der Vielfalt der spielbasierten Ansätze und ihrer jeweiligen Anforderungen sowie Wirklogiken. Gleichzeitig erfordert die Anwendung des Spiels eine Ausbalancierung von Offenheit zur Struktur, da die individuellen Lern- und Erkenntnisprozesse der „Spielenden" (Lernenden) weder vollumfänglich festgelegt noch vollkommen frei sein können (Winnicott und Rodman 2010).

Daher wird in den nachfolgenden Unterkapiteln dargelegt, wie der Einsatz des Spiels als Methode in der Praxis systematisch vorbereitet und konkret umgesetzt werden kann. Der Fokus liegt auf der Verknüpfung der methodischen Anforderungen mit praktischen Hilfen für die Entscheidung und konkrete Vorbereitung des Spiels.

Damit wird eine nachvollziehbare, verständliche und praxisgerechte Anwendung des Spiels in der Praxis angestrebt.

C. Freye, S. Akseki, *Spiel als Methode*, essentials,
https://doi.org/10.1007/978-3-658-51610-9_4

4.1 Entscheidungsempfehlung für den Einsatz des Spiels

Die Entscheidung für den Einsatz des Spiels in praktischen Kontexten setzt eine begründete Auswahl zwischen den unterschiedlichen spielbasierten Ansätzen voraus. Da die spielbasierten Ansätze, wie Game, Gamification, Serious Game, game-based Learning und Playification trotz begrifflicher Nähe unterschiedliche Funktionen im Lern- und Erkenntnisprozess ausüben, kann ihre Auswahl nicht auf der Ebene der Spielform selbst erfolgen (Edwards et al. 2023).

Ausgehend vom Verständnis des Spiels als methodisch gestalteter Lern- und Erkenntnisprozess lassen sich jene Kriterien identifizieren, die bestimmen, wie Erfahrungen im Spiel strukturiert werden und wie Erkenntnisse entstehen. Damit erfolgt die Auswahl der Entscheidungskriterien nicht allein auf Basis pragmatischen Erwägungen, sondern ergeben sich aus der Einordnung des Spiels als Mittel oder Methode.

Hieraus resultierend ist entscheidend, ob das Spiel den Prozess lediglich begleitet oder diesen selbst bestimmt, konstituiert und strukturiert. Daher bildet ein zentrales Kriterium die (A) *Funktion des Spiels im Spielzyklus.* Sofern der Zyklus aus (1) Entscheidung, (2) Rückmeldung, (3) Bewertung und Einordnung sowie (4) Rückmeldung durch externe Vorgaben organisiert wird, übernimmt das Spiel ausschließlich einer eher unterstützenden Funktion. Damit fungiert das Spiel als Mitteleinsatz, wie es für die Ansätze der Gamification oder game-based Learning eher charakteristisch ist. Sofern der Spielzyklus hingegen durch das Spiel selbst entsteht, übernimmt das Spiel eine eher methodische Funktion, wie es für die Ansätze des Serious Games oder Playification eher typisch ist.

Eng mit dem Kriterium der (A) *Funktion des Spiels im Spielzyklus* verbunden, ist das Kriterium des (B) *Grad der Vorstrukturierung des Lernprozesses.* In vorab definierten Prozessen mit klaren Strukturen, Vorgaben und Zielen eigenen sich eher unterstützende Spielformen, um eine Integration in bestehende oder übergreifende Strukturen zu ermöglichen. Auch erlaubt es eine bessere Skalierung an „Spieler" (Lernende), ohne die eigentliche Prozesslogik des Spiels ändern zu müssen. Im Gegensatz zu definierten und strukturierten Prozessen, erfordern noch zu entwickelnde und offene Prozesse hingegen eher Spielformen, die Struktur erst durch den Vollzug des Spiels selbst in wiederholenden Zyklen aus (3) Bewertung und Einordnung sowie (4) Rückmeldung ermöglichen. Aufgrund dessen kann ein weiteres Kriterium aus dem Spielzyklus selbst heraus begründet werden in Form der (C) *Notwendigkeit wiederholender Erfahrung.* Sofern die Erkenntnis durch (3) Bewertung und Einordnung sowie (4) Rückmeldung entstehen soll, sind eher

Kriterium spielbasierter Ansatz	Funktion des Spiels im Spielzyklus	Grad der Vorstrukturierung des Lernprozesses	Notwendigkeit wiederholender Erfahrung	Pragmatische Rahmenbedingungen
Game	eigenständiger Spielzyklus ohne Lernbezug	hoch (vorgegeben durch das Spiel selbst)	hoch (spielimmanent, nicht lernbezogen)	gering (keine institutionelle oder didaktische Integration)
Gamification	unterstützt einzelne Schritte eines externen Prozesses	hoch (vorgegeben durch das Spiel selbst)	gering (einmalige Ausführung ausreichend)	gering (tendenziell hohe Skalierbarkeit)
Game-based Learning	begleitet einen didaktisch vorstrukturierten Lernprozess	hoch (vorgegeben durch das Spiel selbst)	mittel (mehrfache Ausführung sinnvoll, nicht zwingend)	mittel (Ressourcen und Zeit für zweckorientierte Vorgaben)
Serious Game	strukturiert den gesamten Lern- und Erkenntniszyklus	mittel (durch das Spiel vorgegeben)	hoch (Erkenntnis entwickelt sich erst über wiederholende Ausführung)	hoch (Ressourcen, Zeit, Infrastruktur, gerade für Planung)
Playification	rahmt und initiiert den Lern- und Erkenntnisprozess	gering (entsteht im Prozess)	situationsabhängig	mittel (Ressourcen, Zeit, auch ist Moderation eher erforderlich)

Abb. 4.1 Übersicht der Kriterien zur Entscheidung für einen spielbasierten Ansatz

Spielansätze zu favorisieren, die Unsicherheit und Mehrdeutigkeit im Spiel zulassen. So zielt bspw. Gamification eher auf eine gewisse Stabilisierung ab, wohingegen methodischere Spielformen, wie das Serious Game, ein vorläufiges Wissen schaffen und damit das Erfahrungslernen fördern.

Zusätzlich zu den methodisch-begründeten Kriterien aus (A) *Funktion des Spiels im Spielzyklus*, (B) *Grad der Vorstrukturierung des Lernprozesses* und (C) N*otwendigkeit wiederholender Erfahrung* können die (D) *pragmatischen Rahmenbedingungen* als viertes Kriterium ergänzt werden. Hierunter sind Aspekte wie Anzahl an „Spieler" (Lernende), technische Voraussetzungen, institutionelle Vorgaben oder verfügbare zeitliche und finanzielle Ressourcen zu fassen. Auch wenn diese Aspekte den Umfang des Spiels beeinflussen können, ersetzen diese jedoch nicht die eigentliche methodische Entscheidung für einen konkreten spielbasierten Ansatz.

In der Abb. 4.1 sind die Kriterien als eine „Orientierungshilfe" bei der Entscheidung für oder gegen einen spielbasierten Ansatz in vergleichender Form zusammengefasst. Auch wenn die explizite Fokussierung auf vier Entscheidungskriterien die Verständlichkeit und Anwendbarkeit unterstützt, bedingt es zugleich inhaltliche Vereinfachungen. Daher ist die Tabelle eher als heuristische „Entscheidungshilfe" zu verstehen, die eine Vorauswahl unterstützt, jedoch keine detaillierte didaktische oder kontextbezogene Ausgestaltung ersetzt.

4.2 Canva zur Strukturierung des Spiels in der Praxis

Eine systematische Vorbereitung ist unabdingbar, da das Spiel in der Praxis nicht direkt über die Wahl des spielbasierten Ansatzes wirksam wird, sondern erst durch dessen sorgfältige Abstimmung, Ausgestaltung und Ausbalancierung. Auch wenn die unterschiedlichen spielbasierten Ansätze verschiedene Funktionen, Rollen, Wirklogiken und Ziele verfolgen, basieren die Ansätze jedoch auf gemeinsame Basisannahmen zum Spiel selbst, zum Spiel als Erfahrungs- und Erkenntnisraum sowie zum Spiel als Spielzyklus.

Vor diesem Hintergrund ist ein „Hilfsinstrument“ erforderlich, dass trotzdem die nachvollziehbare, praxisgerechte und verständliche Anwendung des Spiels unterstützt. Daher wird sich für eine Canva mit der Arbeitsbezeichnung „Play-It-Spiel-Canva“ (PISC) entschieden, um die zentralen Entscheidungen zur Gestaltung und Umsetzung strukturiert zu bündeln. Im Sinne der Anlehnung an bestehende Canva-Formate, wie „Business Model Canva“ (Osterwalder und Pigneur 2011) oder „Value Proposition Canva“ (Osterwalder et al. 2015), unterstützt eine Canva die übersichtliche und schrittweise Konkretisierung eines Ansatzes (Freye und Arica 2025). Als visuelles Strukturierungsinstrument ermöglicht die Canva eine *visio synoptica* (übersichtliche Gesamtschau) zentraler Entscheidungsbereiche und trägt dazu bei, die komplexen Zusammenhänge im Spiel in einer nachvollziehbaren und verständlichen Form darzustellen.

Damit unterstützt die PISC die systematische Vorbereitung eines Spiels, indem die wesentlichen Ziele, Bedingungen und Optionen erfasst werden. Gleichzeitig erleichtert die PISC die übergreifende Abstimmung und Diskussion unter den beteiligten Akteuren, indem alle relevanten Entscheidungen transparent und nachvollziehbar dokumentiert werden. Demnach dient die PISC weniger zur Festlegung eines konkreten Ablaufs als mehr zur gezielten Konfiguration und Anpassung des geplanten Einsatzes des Spiels. Damit einhergehend ist die PISC nicht als eine Art „Spielanleitung“ zu verstehen, sondern als ein vorab zu verwendendes Planungs- und Reflexionsinstrument zur systematischen Spielvorbereitung.

Die Kriterien für die PISC leiten sich aus den bisherigen Ausführungen und Überlegungen zum Verständnis des Spiels als Methode ab, weswegen die (1) Erkenntnisorientierung den Ausgangspunkt bildet, die (2) Einordnung des spielbasierten Ansatzes die Struktur bestimmt, die (3) Gestaltung des Lern- und Erfahrungsraum den Rahmen setzt und der (4) Spielzyklus die Ausgestaltung des Spiels selbst bestimmt. Innerhalb dessen folgt die PISC keiner stringenten Reihenfolge, sondern ist eher als eine „Checkliste“ zu verstehen, die eine strukturierte Planung unterstützt.

In der PISC dienen die Kriterien zur (1) *Erkenntnisorientierung* dazu, den inhaltlichen Ausgangspunkt des Spiels zu klären. Damit helfen diese Kriterien zu verstehen, welche Art von Erkenntnis im Spiel als eigentliches „Ergebnis“ des Spiels angestrebt wird. Dabei geht es nicht um die Festlegung der konkreten Lernziele, sondern eher um die Festlegung und Beschreibung des Zwecks des Spiels. Daher werden die (1A) Erkenntnisse und (1B) Prozessoffenheit als Kriterien festgelegt. Dabei umschreibt die (1A) Erkenntnis, ob die Erkenntnis im Spiel durch die (1A1) eigene Entscheidungsfindung, durch das (1A2) offene Erproben oder durch das (1A3) Nachvollziehen vordefinierter Zusammenhänge entstehen soll. Die Merkmalswerte orientieren sich direkt am Spielzyklus und legen fest, wie bedeutsam Erfahrung, Rückmeldung und Anpassung für die Generierung von Erkenntnissen sind. Die (1B) Prozessoffenheit beschreibt, ob der Erkenntnisprozess (1B1) hoch strukturiert, (1B2) teilstrukturiert oder (1B3) gering strukturiert ist. Damit bestimmt die Prozessoffenheit, ob die Entscheidungsoptionen vorab festgelegt oder sich frei im Spielverlauf entwickeln können.

Aufbauend auf den Kriterien zur (1) *Erkenntnisorientierung*, fokussieren sich das Kriterium zur (2) *Einordnung des spielbasierten Ansatzes* auf die Rolle des jeweiligen Ansatzes im Gesamtprozess. Im Gegensatz zur „Rolle" in Abb. 2.1, die sich auf die konzeptionelle Rolle des Spiels konzentriert, wird sich hier auf die planerische Rolle des Spiels in der konkreten Anwendungssituation bezogen. Damit hilft dieses Kriterium zu verstehen, welche Funktion das Spiel im konkreten Anwendungskontext einnimmt. Dabei geht es nicht um eine erneute typologische Kategorisierung spielbasierter Ansätze, sondern eher um die Festlegung und Beschreibung der konkreten Funktionen des Spiels. Daher wird das Kriterium der (2A) Rolle im Spielprozess festgelegt. Dabei umschreibt es, ob es einen bestehenden Prozess (2A1) begleitend unterstützt, (2A2) tragend strukturiert oder einen weiterführenden Prozess (2A3) initiierend auslöst.

Die Kriterien innerhalb des (3) *Gestaltung des Lern- und Erfahrungsraumes* dienen dazu, die Bedingungen zu klären, unter denen die Erfahrung im Spiel entstehen soll. Damit helfen diese Kriterien zu verstehen, ob der Spielraum bewusst eingegrenzt, konfiguriert, oder geöffnet wird. Dabei geht es nicht um die detaillierte Festlegung des Spielverlaufs, sondern um die bewusste Rahmung des Erfahrungs- und Erkenntnisraumes. Daher werden die (3A) Entscheidungsräume, (3B) Aufgaben und (3C) Regeln und Vorgaben des Spiels als Kriterien festgelegt. Die (3A) Entscheidungsräume umschreiben, ob die Entscheidungsoptionen im Spiel (3A1) vorgegeben, (3A2) teilweise vorgegeben oder (3A3) nicht vorgegeben sind. Damit orientieren sich die Merkmalswerte an der (1B) Prozessoffenheit, wobei hier unmittelbar bestimmt wird, wie stark die Erfahrung durch regelgeleitete Vorgaben oder durch eigenständige Entscheidungen im Spiel entstehen. Im Gegensatz zu (3A) Entscheidungsräume, fokussieren sich die (3B) Aufgaben auf die Handlungen, die vorbereitend zur Entscheidungsfindung durch die „Spielenden" (Lernende) notwendig sind. Innerhalb dessen eröffnen die (3A) Entscheidungsräume die Entscheidungsoptionen, die (3B) Aufgaben lenken die Aufmerksamkeit, die (3C) Regeln und Vorgaben begrenzen den Handlungsspielraum. Daher können die (3B) Aufgaben (3B1) klar definiert, (3B2) situativ ausgelegt oder (3B3) offen im

Spiel entstehen. Die (3C) Regeln und Vorgaben umschreiben, unter welchen Bedingungen die (3A) Entscheidungsräume und (3B) Aufgaben ausgeführt werden können. Damit begrenzen, erlauben oder strukturieren die (3C) Regeln und Vorgaben das Handeln, weswegen es (3C1) stark reglementiert, (3C2) mäßig reglementiert oder (3C3) gering reglementiert ausgestaltet werden kann. Innerhalb dessen wird nicht der Spielverlauf detailliert festgelegt, sondern eher das Handeln im Spiel zu steuern versucht.

Abschließend konzentrieren sich die Kriterien zum (4) *Spielzyklus* auf die Ausgestaltung des Spiels als Lern- und Erkenntnisprozess. Damit helfen diese Kriterien zu verstehen, wie Entscheidungen, Rückmeldungen, Bewertung und Einordnung sowie Anpassung im Spiel aufeinander abgestimmt sowie miteinander verbunden sind. Dabei geht es nicht um die detaillierte Steuerung einzelner Handlungen, sondern eher um die bewusste Gestaltung eines wiederholbaren Spielzyklus. Daher orientieren sich die Kriterien konkret am Spielzyklus mit (4A) Entscheidung, (4B) Rückmeldung, (4C) Bewertung und Einordnung sowie (4D) Anpassung. Da der (4) Spielzyklus die nähere Abfolge beschreibt, werden keine Merkmalswerte zu den einzelnen Kriterien vorgegeben. Damit wird vermieden, dass der situative und dynamische Charakter des Spiels durch eine suggerierte und formale Vergleichbarkeit ersetzt wird. Daher sind die Kriterien eher zur offenen Ausgestaltung vorgesehen.

Auch wenn sich mithilfe der Beschreibungen zur PISC bereits die wesentlichen Überlegungen zur Planung des Spiels erfassen, strukturieren und zusammenführen lassen, wird die PISC zusätzlich mit Leitfragen ausgestattet. In diesem Sinne konkretisieren die Leitfragen die PISC, indem die zuvor dargelegten Überlegungen zu den Kriterien erweitert werden. Damit können die Leitfragen als eine zusätzliche „Orientierungshilfe“ verstanden werden. So wird bspw. der Bereich der (1) Erkenntnisorientierung mit der Leitfrage „Wie sollen die Erkenntnisse im Spiel entstehen?“ konkretisiert, wohingegen die Kriterien (1A) Erkenntnisse mit der Leitfrage „Welche Art von Erkenntnis soll durch das Spiel generiert werden?“ und (1B) Prozessoffenheit mit der Leitfrage „Wie offen ist der Erkenntnisprozess im Spielverlauf strukturiert?“ ergänzend beschrieben werden.

In der Abb. 4.2 wird die PISC nach den vier Bereiche und den insgesamt zehn Kriterien dargestellt, wobei die Leitfragen ergänzend mit aufgeführt werden. Ebenfalls ist ein Bereich für Notizen sowie für offene oder noch zu klärende Fragen ergänzt. Insgesamt kann die hier dargestellte PISC als Vorlage angesehen werden.

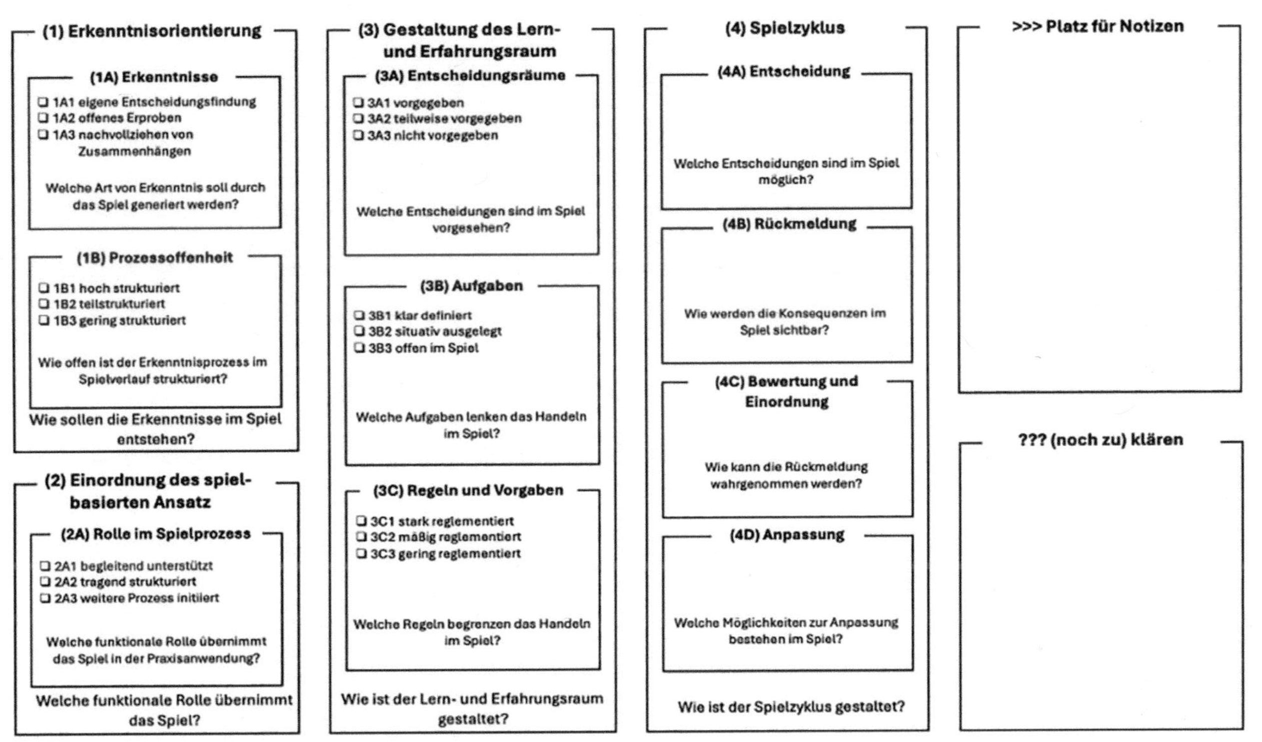

Abb. 4.2 Play-It-Spiel-Canva (PISC) mit Leitfragen als Vorlage

4.3 Beispiel zur Anwendung des Spiels in der Praxis

Die Anwendung des Spiels in der Praxis wird am Beispiel des „Assessment Growth Program" an der FOM Hochschule für Oekonomie & Management unter der Leitung des Bereichs „FOM Incomings" beispielhaft dargelegt (FOM Hochschule für Oekonomie & Management 2026a). Das Programm richtet sich ausschließlich an die internationalen Studierende und ergänzt das Studium um eine strukturierte Vorbereitung auf den Arbeitsmarkt. Im Mittelpunkt steht die systematische Stärkung der Beschäftigungsfähigkeit im deutschen Arbeitsmarkt, insbesondere in der Region Ruhr. Innerhalb des 12-wöchigen Programms werden Themeneinheiten, wie z. B. Arbeitsmarktstrukturen, Bewerbungsfahren oder Vorstellungsgespräche behandelt. Ebenso werden praktische Fallbeispiele und Unternehmensbesuche integriert, um konkrete Einblicke in die betriebliche Praxis zu ermöglichen.

In Ergänzung zu den eher formalen und strukturellen Themeneinheiten, setzen sich spezifische Themeneinheiten auch mit den Erwartungsstrukturen und beruflichen Umgangsformen auseinander (FOM Hochschule für Oekonomie & Management 2026b). Hierunter fällt auch die Subeinheit „Business Knigge", die sich auf die Sensibilisierung der Umgangsformen konzentriert. Das Ziel ist es, die internationalen Studierenden in ihrer situativen Handlungssicherheit zu stärken und kulturell geprägte Verhaltensweisen nachvollziehbar und verständlich aufzuzeigen.

Ausgehend von der Zielsetzung der Subeinheit „Business Knigge", wird das Spiel nach dem Ansatz des „game-based Learning" eingesetzt, um einerseits die Verhaltensweisen erkenn- und erlebbar zu machen sowie andererseits eine Reflexion der eigenen Annahmen zum „richtigen" Verhalten zu fördern. Damit wird ein strukturiert-unterstützendes Lernen anvisiert, dass sowohl die konkreten Situationen im Berufskontext darstellt als auch die fachliche Einordnung, Erklärung und Exemplifizierung ermöglicht. Die entsprechende PISC ist in Abb. 4.3 dargestellt.

Anhand einer alltagsnahen Ausgangsituation werden typische Verhaltenssituationen strukturiert bearbeitet. Entsprechend der Zielsetzung der Themeneinheit, liegt der Fokus auf das (1A3) nachvollziehen vordefinierter Zusammenhänge, wobei der Erkenntnisprozess (1B1) hoch strukturiert angelegt ist, da jeweils konkrete Handlungsoptionen mit aufgegeben werden. Damit übernimmt das Spiel eine (2A2) tragend strukturierende Rolle, da das Spiel den zentralen Modus der Auseinandersetzung mit dem „richtigen Verhalten" im beruflichen Kontext bildet. Auch ist der Lern- und Erfahrungsraum bewusst eng gestaltet, indem die Entscheidungsoptionen (3A1) vorgegeben ist, wodurch auch die konkrete Aufgabe (3B1) mit eindeutigen Regeln (3C1) stark reglementiert ist. Mit Blick auf den Spielzyklus, erfolgt die (4A) Entscheidung durch die Studierende selbst und offen im Plenum. Die

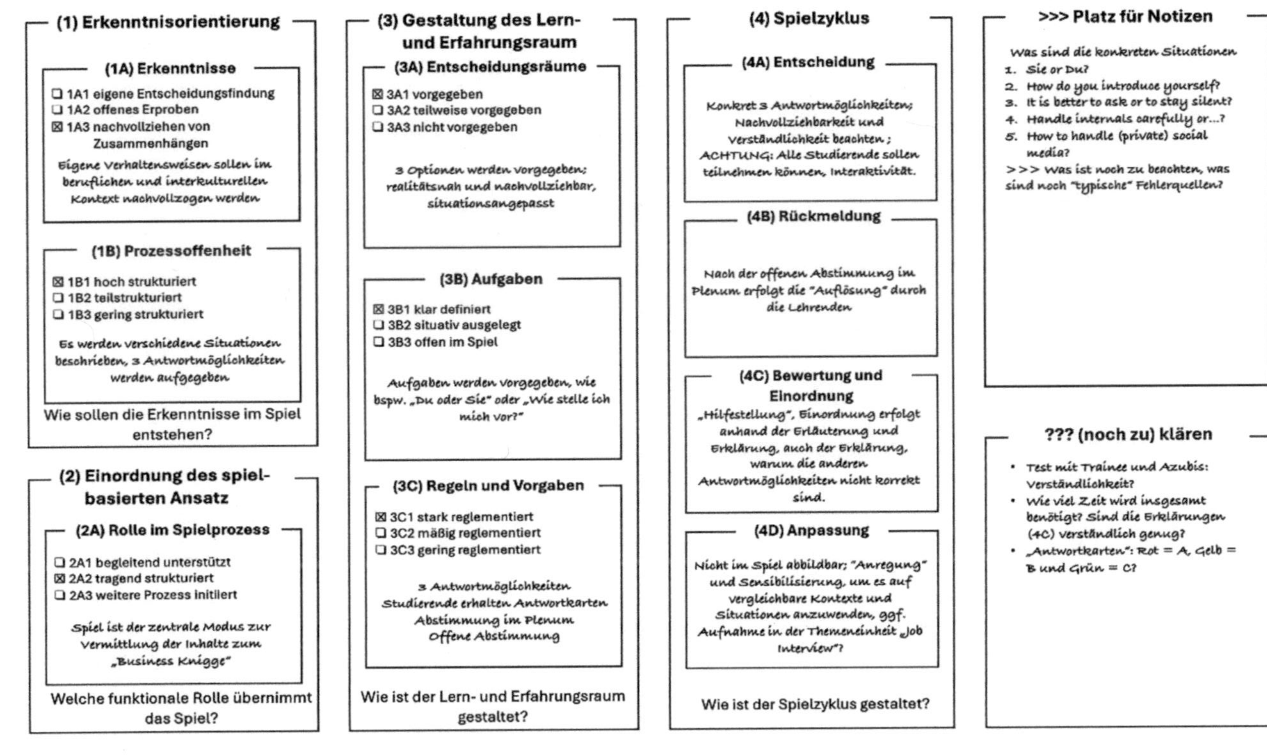

Abb. 4.3 PISC zur Strukturierung der Themeneinheit „Business Knigge“

(4B) Rückmeldung erfolgt durch die Auflösung der korrekten Antwort, wobei sich direkt die (4C) Bewertung und Einordnung anschließt. Dabei erläutert die Lehrende die Antwort und legt insbesondere die normative Begründung dar. Eine explizite Auseinandersetzung mit (4D) Anpassung ist nicht vorgesehen, wird allerdings im und durch das Spiel angeregt.

Beispiel einer fiktiven Situationsbeschreibung in „Quiz"-Form

Du bist internationaler Bachelor-Student an der FOM und beginnst deinen ersten Praktikumstag bei einem mittelständischen Unternehmen in Essen. Am ersten Morgen begegnest du deinen neuen Kollegen. Du möchtest einen professionellen Eindruck hinterlassen, welche Anredeform wählst du?

A. Du sprichst alle Kollegen konsequent mi „Du" an, um offen und modern zu wirken.
B. Du wartest ab, bis Kolleginnen dir das „Du" anbieten, bis dahin verwendest du das „Sie".
C. Du wechselst zwischen „Sie" und „Du", abhängig vom Alter, Position und Auftreten des jeweiligen Kollegen.

Korrekte Antwortoption: B ◄

Grundsätzlich erleichtert die Nähe zur späteren beruflichen Realität erleichtert den Studierenden, einen Transfer in eigene Handlungskontexte vorzunehmen. Die vorgegebenen Handlungsoptionen senken etwaige Hemmschwellen, da keine freie Formulierung von möglichen Verhaltensweisen erforderlich ist. Damit wird die aktive Teilnahme im Plenum erleichtert, insbesondere in einer Fremdsprache oder bei bestehenden Untersicherheit. Zugleich bleibt die Durchführung auch in größeren Studierendengruppen steuerbar. Durch die klare Abfolge von Ausgangssituation, Entscheidung, Diskussion und fachlicher Erläuterung entsteht ein nachvollziehbarer Lernprozess. Die Struktur verbindet individuelles Abwägen mit der kollektiven Auseinandersetzung und ermöglicht so eine Einordnung der gewählten Handlungsoptionen. Dadurch werden implizite Erwartungsstrukturen nicht „nur" benannt, sondern in ihrer Begründung verständlich erleb- und vorstellbar gemacht. Für die Studierenden entsteht ein geschützter Reflexionsraum, der implizite Erwartungen transparent macht und dazu einlädt, die persönliche Handlungssicherheit im beruflichen Kontext zu stärken.

4.4 Hinweise zur praktischen Anwendung des Spiels

Auch wenn die konzeptionellen Darlegungen ein *facile facere* („einfaches Machen") suggerieren, hängt die Wirksamkeit des Spiels weniger von der Konzeption als von der praktischen Umsetzung ab. Daher können spielerische Ansätze nicht einfach auf die verschiedenen Situationen „eins zu eins" übertragen werden. Daher sollen die praktischen Hinweise helfen, eine kontextgerechte und pragmatische Umsetzung in der organisationalen Realität zu ermöglichen. Gerade in der Praxis zeigt sich, dass weniger die Idee eines Spiels problematisch ist als deren unzureichende Übersetzung in den jeweiligen Anwendungskontext.

Eine zentrale Hürde im Spiel stellt die gewählte Konfiguration des Spiels selbst dar. So ist auf eine stringente und plausible Ausrichtung des Spiels auf das jeweilige Lern- bzw. Erkenntnisziel zu achten. In der praktischen Umsetzung bedeutet dies, dass das Spiel, Thema und Ziel nicht nur formal zusammenpassen, sondern von den Teilnehmenden auch als inhaltlich stimmig und konsistent wahrgenommen werden. Daher sollte die (1) Erkenntnisorientierung in der PISC als iterativer Reflexionspunkt verstanden werden, um etwaige Inkonsistenzen zwischen Thema, Kontext und Spielmechanik frühzeitig aufzudecken. Daher empfiehlt sich ein Pre-Test der gewählten Spielkonfiguration, um Überkomplexitäten oder wahrgenommene Widersprüche frühzeitig festzustellen. Auch sollte die gesamte Gestaltung des Spiels authentisch und zur „gelebten Praxis" passen. Dies betrifft neben der Art der Entscheidungen und Rückmeldungen im Spiel, auch die verwendete Sprache und zu lösenden Aufgabenstellungen. Sofern diese Passung fehlt, kann schnell der Eindruck eines „künstlichen Formats" entstehen, dass die Bereitschaft zur Beteilung und inhaltlichen Auseinandersetzung der „Spielenden" reduziert. Aufgrund dessen empfiehlt sich für die Praxis eine zu starke (konzeptionell-basierte) Formalisierung, überzeichnete Spielästhetik oder mangelnde Verbindung zum konkreten Praxisalltag zu vermeiden, da dies die Akzeptanz und Beteiligungsbereitschaft der Teilnehmenden mindern kann.

Damit einhergehend ist auch die „ungewöhnliche Form" des Spiels zu berücksichtigen. So weicht das Spiel häufig von etablierten und gewohnten Arbeits- sowie Lernformaten ab. Daher kann das Spiel zu einer gewissen Irritation führen, die allerdings per se nicht problematisch ist, jedoch bewusst eingeordnet werden sollte. Daher empfiehlt es sich für die Praxis zu Beginn eine kurze Rahmung des (Spiel-) Formates vorzunehmen, in der das Ziel, der Nutzen und der erwartete Mehrwert des Spiels erläutert werden. Gerade eine solche Erläuterung erleichtert es den Teilnehmenden, den Sinn der eher ungewohnten Methode nachzuvollziehen und sich aktiver auf das (Spiel-) Format einzulassen. Ebenso ist es empfehlenswert, den *modus operandi* des Spiels zu erklären, damit Unsicherheiten im Umgang mit der Spielstruktur abgebaut werden. Aufgrund dessen kann eine Einführung und klare Begründung des Einsatzes spielbasierter Ansätze empfehlenswert sein.

Darüber hinaus empfiehlt es sich, das Spiel nicht im Sinne eines „command and control"-Ansatzes zu steuern. Demnach sollte Raum für Anpassung und Reflexion sowohl für „Spielende" als auch „Spielleitende" gewährt werden. In der praktischen Umsetzung bedeutet dies, dass die „Spielleitende" weniger als eine kontrollierende Instanz agiert, sondern vielmehr eine moderierende Funktion einnimmt. Daher ist es zu empfehlen, den Ablauf des Spiels zwar strukturiert vorzubereiten, zugleich jedoch situative Anpassungen zuzulassen, sofern sich neue Einsichten oder Dynamiken im Spiel ergeben. Eine zu starke Kontrolle kann die Bereitschaft und Aktivität der Spielenden negativ beeinflussen.

Abschließend ist darauf hinzuweisen, dass Wirkungen nicht vollständig linear oder rein quantitativ im Spiel messbar sind. So zeigen sich Veränderungen bspw. im Perspektivwechsel, Dialogen oder neuen Handlungsoptionen. Daher sind ergänzende und eher qualitative Formen der Evaluation zu nutzen. So können in der Praxis bspw. moderierte Gruppendiskussionen, leitfadengestützte Reflexionsgespräche oder strukturierte Debriefings eingesetzt werden. Die bewusste Berücksichtigung der Spielenden in die Evaluation ermöglicht es, Lern- und Erkenntnisprozesse differenzierter zu bewerten und auch solche Veränderungen zu erfassen, die sich in den Perspektivwechseln oder erweiterten Handlungsoptionen des Spiels zeigen.

► **Tipp zur praktischen Anwendung des Spiels** Für eine erfolgreiche Durchführung des Spiels in der Praxis empfiehlt sich, fünf grundlegende Aspekte zu beachten: (1) Zielpassung sichern, indem das Spiel, Thema und Erkenntnisziel inhaltlich aufeinander abgestimmt sind; (2) praxisnähe sicherstellen, indem die Spielsituationen sich an realen Gegebenheiten aus der Erfahrungswirklichkeit der Spielenden orientieren; (3) Spielformat begründen, um Akzeptanz aus der „Ungewohntheit" sicherzustellen; (4) Spiel moderieren, wobei das Spiel eher offen begleitet werden soll und (5) eine Reflexion durchführen, um die Wirksamkeit der Lern- und Erkenntnisprozesse sichtbar zu machen.

5 Ethik im Spiel

Das Spiel dient nicht nur allein zur Strukturierung von Lern- und Erkenntnisprozessen, sondern beeinflusst auch das Verhalten der „Spielenden" im Spiel. Gerade wenn das Spiel als eine Methode eingesetzt wird, werden Anreize, Entscheidungen und Rückmeldungen gestaltet, um das Verhalten der „Spielenden" zu beeinflussen, zu kontrollieren und zu steuern.

Damit einhergehend kann der Spielcharakter selbst besondere Dynamiken auslösen, die eine bewusste Abwägung zwischen induziertem Erkenntnisinteresse und der Bedeutung gesellschaftlicher Normen sowie Werte erforderlich macht. So können bspw. Mechanismen, die insbesondere das Engagement fördern, in manipulative Gestaltungsmuster („manipulation due to game") übergehen, wenn das Verhalten in eine gewünschte Richtung gelenkt wird, ohne dies vorher offenzulegen.

Auch können Spiel- oder Interaktionsmuster so gestaltet sein, dass „Spielende" gezielt zu bestimmten Handlungen bewegt werden, z. B. durch künstliche Verknappung, intransparenten Belohnungsstrukturen oder sozialem Vergleich. Diese manipulativen bis täuschenden Gestaltungsformen des Spiels werden auch als „dark patterns" bezeichnet (Darin und Carneiro 2026). Zudem besteht in organisationalen Kontexten die Gefahr von strukturellen Ungleichgewichten. Dies kann entstehen, wenn einzelne „Spielende" aufgrund von Vorwissen oder Rollenposition systematisch bevorteilt werden, ohne dies transparent offenzulegen. Grundsätzlich beeinträchtigen solche Ungleichgewichte die Integrität des Spiels, insbesondere wenn das Spiel als Methode eingesetzt wird, ist Fairness nicht nur ein moralisches, sondern auch ein methodisches Kriterium (Kim und Werbach 2016).

Auch wenn konzeptionelle Ansätze zur ethischen Gestaltung bestehen (z. B. Darin und Carneiro 2026; Filho und Darin 2026), stellen diese per se keine ethische Konzeption und Umsetzung sicher. Gerade in der Praxis besteht die Herausforderung

C. Freye, S. Akseki, *Spiel als Methode*, essentials,
https://doi.org/10.1007/978-3-658-51610-9_5

darin, normative Leitlinien konkret in Spielregeln, Rückmeldungsmechanismen und Interaktionsformen zu übersetzen. Daher bedeutet „Ethik im Spiel“ nicht, Wirkung zu vermeiden, sondern Wirkung verantwortungsvoll zu gestalten. So sollen spielbasierte Ansätze die „Spielenden“ befähigen, nicht instrumentalisieren. Daher sollte das Spiel eine Offenheit ermöglichen, ohne Unsicherheiten auszunutzen. Ebenso sollte der Wettbewerb unter den „Spielenden“ so organisiert werden, dass stets Fairness gewahrt wird. Schlussendlich stärkt eine ethisch-reflektierte Perspektive nicht nur die Legitimität des Spiels, sondern auch die Qualität der Lern- und Erkenntnisprozesse selbst.

Was Sie aus diesem *essential* mitnehmen können

- Ein reflektiertes Verständnis davon, wann und wie Spiel als Methode sinnvoll eingesetzt werden kann.
- Ein klaren Orientierungsrahmen zur praktischen Planung, Gestaltung und Umsetzung spielbasierter Ansätze.
- Ein praxisnahes Verständnis der Potenziale, Limitationen und ethischen Anforderungen beim Einsatz vom Spiel.

C. Freye, S. Akseki, *Spiel als Methode*, essentials,
https://doi.org/10.1007/978-3-658-51610-9

Literatur

Al-Rayes, S., Al Yaqoub, F. A., Alfayez, A., Alsalman, D., Alanezi, F., Alyousef, S., AlNujaidi, H., Al-Saif, A. K., Attar, R., Aljabri, D., Al-Mubarak, S., Al-Juwair, M. M., Alrawiai, S., Saraireh, L., Saadah, A., Al-umran, A., & Alanzi, T. M. (2022). Gaming elements, applications, and challenges of gamification in healthcare. *Informatics in Medicine Unlocked*, *31*, 100974. https://doi.org/10.1016/j.imu.2022.100974

Barbosa, M. W., & De Ávila Rodrigues, C. (2020). Project Portfolio Management teaching: Contributions of a gamified approach. *The International Journal of Management Education*, *18*(2), 100388. https://doi.org/10.1016/j.ijme.2020.100388

Barrows, H. S. (1996). Problem-based learning in medicine and beyond: A brief overview. *New Directions for Teaching and Learning*, *1996*(68), 3–12. https://doi.org/10.1002/tl.37219966804

Besalti, M., & Smith, G. G. (2024). High School Students' Motivation to Learn Climate Change Science through Educational Computer Games. *Simulation & Gaming*, *55*(3), 527–551. https://doi.org/10.1177/10468781241235754

Brougère, G. (2021). Paradoxes of Gamification. In S. Le Lay, E. Savignac, P. Lénel, & J. Frances (Hrsg.), *The Gamification of Society* (1. Aufl., S. 1–18). Wiley. https://doi.org/10.1002/9781119821557.ch1

Caillois, R. (1961). *Man, play and games*. University of Illinois Press.

Chang, C.-S., Chung, C.-H., & Chang, J. A. (2020). Influence of problem-based learning games on effective computer programming learning in higher education. *Educational Technology Research and Development*, *68*(5), 2615–2634. https://doi.org/10.1007/s11423-020-09784-3

Darin, T., & Carneiro, N. (2026). From Understanding to Intervention: Towards an Agenda for Countering Dark Patterns in Games. In T. Darin, K. Rios, G. Cruz, L. Tórtoro, & D. Ricca (Hrsg.), *Interaction and Player Research in Game Development* (Bd. 2623, S. 87–101). Springer Nature Switzerland. https://doi.org/10.1007/978-3-032-01426-9_6

Edwards, S. L., Gantwerker, E., Cosimini, M., Christy, A. L., Kaur, A. W., Helms, A. K., Stiver, M. L., & London, Z. (2023). Game-Based Learning in Neuroscience: Key

C. Freye, S. Akseki, *Spiel als Methode*, essentials,
https://doi.org/10.1007/978-3-658-51610-9

Terminology, Literature Survey, and How To Guide to Create a Serious Game. *Neurology Education*, *2*(4), e200103. https://doi.org/10.1212/NE9.0000000000200103

Filho, L. S., & Darin, T. (2026). Operationalizing radiant patterns: A refined definition and pattern structure to mitigate deceptive game design practices. In *Interaction and Player Research in Game Development*. Springer Nature Switzerland. https://doi.org/10.1007/978-3-032-01426-9_8

FOM Hochschule für Oekonomie & Management. (2026a, Februar 12). *About FOM: Unique, state recognised and globally connected*. https://www.fom-international.com/china/international-university/about-fom.html

FOM Hochschule für Oekonomie & Management. (2026b, Februar 12). *Studying and living in Germany: What you sould consider before and during your study*. https://www.fom-international.com/china/international-university/study-in-germany.html

Freye, C., & Arica, M. (2025). Toward a framework for strategic thinking in purchasing and supply management (PSM): A literature review. In C. Bode, R. Bogaschewsky, M. Eßig, & R. Lasch (Hrsg.), *Supply Management Research* (S. 183–207). Springer Fachmedien Wiesbaden. https://doi.org/10.1007/978-3-658-48750-8_9

Goria, S. (2023). Knowledge management as a prism to better distinguish useful forms derived from or inspired by games or play activities. In F. Pedro García Márquez & R. Vinicio Sánchez Loja (Hrsg.), *From Theory of Knowledge Management to Practice*. IntechOpen. https://doi.org/10.5772/intechopen.1003735

Hamzeh, F., Theokaris, C., Rouhana, C., & Abbas, Y. (2017). Application of hands-on simulation games to improve classroom experience. *European Journal of Engineering Education*, *42*(5), 471–481. https://doi.org/10.1080/03043797.2016.1190688

Huotari, K., & Hamari, J. (2017). A definition for gamification: Anchoring gamification in the service marketing literature. *Electronic Markets*, *27*(1), 21–31. https://doi.org/10.1007/s12525-015-0212-z

Jääskä, E., & Aaltonen, K. (2022). Teachers' experiences of using game-based learning methods in project management higher education. *Project Leadership and Society*, *3*, 100041. https://doi.org/10.1016/j.plas.2022.100041

Jääskä, E., Lehtinen, J., Kujala, J., & Kauppila, O. (2022). Game-based learning and students' motivation in project management education. *Project Leadership and Society*, *3*, 100055. https://doi.org/10.1016/j.plas.2022.100055

Kang, W., Pineda Hernández, S., Wang, J., & Malvaso, A. (2022). Instruction-based learning: A review. *Neuropsychologia*, *166*, 108142. https://doi.org/10.1016/j.neuropsychologia.2022.108142

Kim, T. W., & Werbach, K. (2016). More than just a game: Ethical issues in gamification. *Ethics and Information Technology*, *18*(2), 157–173. https://doi.org/10.1007/s10676-016-9401-5

Kolb, A. Y., & Kolb, D. A. (2005). Learning Styles and Learning Spaces: Enhancing Experiential Learning in Higher Education. *Academy of Management Learning & Education*, *4*(2), 193–212. https://doi.org/10.5465/amle.2005.17268566

Kolb, D. A. (1984). *Experiential learning: Experience as the source of learning and development*. Prentice-Hall.

Kovács, T., Kovács, S., & Várallyai, L. (2025). Adapting to the digital age: Gamification's role in revolutionizing education for youth students. *Human Technology*, *21*(2), 339–359. https://doi.org/10.14254/1795-6889.2025.21-2.5

Lester, D., Skulmoski, G. J., Fisher, D. P., Mehrotra, V., Lim, I., Lang, A., & Keogh, J. W. L. (2023). Drivers and barriers to the utilisation of gamification and game-based learning in universities: A systematic review of educators' perspectives. *British Journal of Educational Technology, 54*(6), 1748–1770. https://doi.org/10.1111/bjet.13311

Loon, M. (2021). Practices for Learning in Early Careers. *Academy of Management Learning & Education, 20*(2), 182–202. https://doi.org/10.5465/amle.2019.0019

Lufthansa (2026). AI-supported Crew Training. https://innovation-runway.lufthansagroup.com/en/focus-areas-projects/operations-excellence/ai-supported-cabin-crew-training.html#:~:text=By%20integrating%20AI%20algorithms%2C%20the,adjust%20situations%20and%20passenger%20behavior

Lumsdaine, A. A., & Glaser, R. (1960). *Teaching machines and programmed learning: A source book.* National Education Association.

Mohanty, S., & Christopher B, P. (2024). The Role of Gamification Research in Human Resource Management: A PRISMA Analysis and Future Research Direction. *Sage Open, 14*(2), 21582440241243154. https://doi.org/10.1177/21582440241243154

Moon, H. S., Orr, G., & Jeon, M. (2023). Hand Tracking with Vibrotactile Feedback Enhanced Presence, Engagement, Usability, and Performance in a Virtual Reality Rhythm Game. *International Journal of Human–Computer Interaction, 39*(14), 2840–2851. https://doi.org/10.1080/10447318.2022.2087000

Oke, A., Marfo, J. S., Kull, T., Rogers, D., Asare Marfo, A. F., Noor, M. H., Mishra, S., McHenry, B., & Raj, S. (2024). Investigating the effectiveness of gamification on supply chain operations knowledge and practice. *Decision Sciences Journal of Innovative Education, 22*(1), 50–67. https://doi.org/10.1111/dsji.12302

Osterwalder, A., & Pigneur, Y. (2011). *Business Model Generation: Ein Handbuch für Visionäre, Spielveränderer und Herausforderer* (J. T. A. Wegberg, Übers.; 1. Auflage). Campus Verlag.

Osterwalder, A., Pigneur, Y., Bernarda, G., & Smith, A. (2015). *Value Proposition Design: Entwickeln Sie Produkte und Services, die Ihre Kunden wirklich wollen. Die Fortsetzung des Bestsellers Business Model Generation!* (J. T. A. Wegberg, Übers.; 1. Auflage). Campus Verlag.

Plass, J. L., Homer, B. D., & Kinzer, C. K. (2015). Foundations of Game-Based Learning. *Educational Psychologist, 50*(4), 258–283. https://doi.org/10.1080/00461520.2015.1122533

Saiger, M. J., Deterding, S., & Gega, L. (2023). Children and Young People's Involvement in Designing Applied Games: Scoping Review. *JMIR Serious Games, 11*, e42680. https://doi.org/10.2196/42680

Santos, P. M., Dias, J. M., & Bairrada, C. M. (2024). Gamification in marketing: Insights on current and future research directions based on a bibliometric and theories, contexts, characteristics and methodologies analysis. *Heliyon, 10*(11), e32047. https://doi.org/10.1016/j.heliyon.2024.e32047

Schaetz-Kruft, T. (2022). Gamification helps our employees learn cybersecurity. https://www.sap.com/blogs/spotlight-gamification-helps-employees-learn-cybersecurity

Senseglove (2026). Volkswagen Group explores training simulation. https://www.senseglove.com/cases/volkswagen/

SG-IC. (2026a). *CEO2.* https://seriousgames-portal.org/games/5e990bdd-fe01-43d3-a55f-f27a8b71d2f3

SG-IC. (2026b). *FwESI Einsatztaktik für Gruppenführer.* https://seriousgames-portal.org/games/3d91aa14-d62c-4e72-947e-1b726a9b1a42

Sharma, W., Lim, W. M., Kumar, S., Verma, A., & Kumra, R. (2024). Game on! A state-of-the-art overview of doing business with gamification. *Technological Forecasting and Social Change*, *198*, 122988. https://doi.org/10.1016/j.techfore.2023.122988

Sousa, M. J., & Rocha, Á. (2019). Leadership styles and skills developed through game-based learning. *Journal of Business Research*, *94*, 360–366. https://doi.org/10.1016/j.jbusres.2018.01.057

Sutton-Smith, B. (2009). *The Ambiguity of Play*. Harvard University Press. https://doi.org/10.2307/j.ctv1q16s5b

Teng, C.-I., Huang, T.-L., Huang, G.-L., Wu, C.-N., Cheng, T. C. E., & Liao, G.-Y. (2024). Creatability, achievability, and immersibility: New game design elements that increase online game usage. *International Journal of Information Management*, *75*, 102732. https://doi.org/10.1016/j.ijinfomgt.2023.102732

Walther, B. K. (2003, Mai 1). Playing and gaming: Reflections and classification. *International Journal of Computer Game Research*, (3).

Wibisono, G., Setiawan, Y., Aprianda, B., & Cendana, W. (2023). Understanding the effects of gamification on work engagement: The role of basic need satisfaction and enjoyment among millennials. *Cogent Business & Management*, *10*(3), 2287586. https://doi.org/10.1080/23311975.2023.2287586

Winnicott, D. W., & Rodman, R. (2010). *Playing and reality* (Reprint). Routledge.

MIX
Papier aus verantwortungsvollen Quellen
Paper from responsible sources
FSC® C105338

If you have any concerns about our products,
you can contact us on
ProductSafety@springernature.com

In case Publisher is established outside the EU,
the EU authorized representative is:
Springer Nature Customer Service Center GmbH
Europaplatz 3, 69115 Heidelberg, Germany

Printed by Libri Plureos GmbH
in Hamburg, Germany